Jean de Mairet, Karl Gustav Vollmöller

Sophonisbe

Verlag
der
Wissenschaften

Jean de Mairet, Karl Gustav Vollmöller

Sophonisbe

ISBN/EAN: 9783957008916

Auflage: 1

Erscheinungsjahr: 2016

Erscheinungsort: Norderstedt, Deutschland

Hergestellt in Europa, USA, Kanada, Australien, Japan
Verlag der Wissenschaften in Hansebooks GmbH, Norderstedt

SAMMLUNG

FRANZÖSISCHER NEUDRUCKE

HERAUSGEGEBEN

VON

KARL VOLLMÖLLER

8

JEAN DE MAIRET

SOPHONISBE

MIT EINLEITUNG UND ANMERKUNGEN

HERAUSGEGEBEN

VON

KARL VOLLMÖLLER.

HEILBRONN

VERLAG VON GEBR. HENNINGER

1888.

EINLEITUNG.

Vorliegende Ausgabe des berühmtesten, freilich mehr genannten als gelesenen Stückes von Mairet beruht auf der in meinem Besitz befindlichen ersten Ausgabe, und giebt dieselbe, auch in ihrer Orthographie und krausen Interpunktion, möglichst getreu wieder. Nur augenscheinliche Fehler, namentlich Druckfehler, diese besonders in der Interpunktion, sind gebessert. Alle Abweichungen verzeichnen die Anmerkungen. () und [] sind in der bekannten Weise verwendet.

Die meisten späteren Ausgaben sind im wesentlichen unveränderte Abdrücke der ersten, allerdings mit modernisierter Orthographie und Interpunktion. Nur zwei dieser Ausgaben (in den Chefs-d'Œuvre dramatiques und in der Petite Bibliothèque des Théatres) zeigen selbständige Textgestaltung. Doch waren deren Änderungen, da nicht vom Verfasser, sondern von einem späteren Kritiker herrührend, für eine Ausgabe von Mairets Werk nicht zu berücksichtigen. In den Lesarten sind die Abweichungen aller erreichbaren Ausgaben von der 1635er mitgeteilt.

Über Mairets Leben und Werke in der Einleitung zu einer neuen Ausgabe der Sophonisbe eingehend zu handeln, schien mir nicht angebracht. Gaston Bizos, étude sur la vie et les œuvres de Jean de Mairet (Paris 1877, 400 S. 8) genügt zunächst vollkommen.

In dem Augenblick, da diese Einleitung zum Druck geht, erfahre ich übrigens auch, dass Herr Ernst Dannheisser, Assistent an der K. Realschule in Ludwigshafen am Rhein, eine Abhandlung nahezu fertig hat, welche sich hauptsächlich mit Mairets Leben und der Chronologie seiner Werke beschäftigt und im Frühjahr 1888 erscheinen wird.

Einiges zu Mairets Biographie möchte ich allerdings hier mitteilen. Zunächst über seine angeblich deutsche Herkunft.

Die Gebrüder Parfaict in ihrer hiſtoire du Théatre François 4 (Paris 1745) 337 f., danach Goujet, Bibliothèque Françoise 18 (Paris 1756) 179 ff. und Marmontel, Chefs-d'Œuvre dramatiques, S. lxiii geben auf Grund eines Mémoire, das ihnen M. de Mayret, Seigneur de Romain, Neffe des Dichters, aus Besançon schickte, an: »Jean de Mayret tire son origine d'une ancienne famille noble, établie dans la Ville d'Ormond en Weſtphalie, des dépendances de l'Electorat de Cologne. La Religion Proteſtante s'étant introduite dans le païs, Gabriel Mayret, biſayeul de notre Auteur, attaché fortement à celle de ſes ancêtres, & craignant d'être violenté pour embraſſer la nouvelle, abandonna volontairement ſes biens, & chercha une retraite à Beſançon, accompagné de Jean de Mayret ſon fils unique« . . . . Bizos S. 1 macht daraus gleich »la petite ville d'Ormund, non loin de Cologne, en Westphalie.«

Zunächst denkt man an Dortmund (= d'Ormond, Dormond), wie das schon G. Weinberg, das französische Schäferspiel in der ersten Hälfte des siebzehnten Jahrhunderts (Frankfurt a./M. 1884) S. 90 Anm.* gethan hatte. Auf eine bezügliche Anfrage antwortet mir aber Herr Oberlehrer Dr. Rübel in Dortmund Folgendes: »Aus Dortmund kann die Familie nicht stammen. 1) Ein Name, der irgend welche Ähnlichkeit mit dem Namen, welcher natürlich französiert sein müsste, hätte, ist hier nicht nachzuweisen. Die Namen der adligen Patriziergeschlechter Dortmunds sind hinlänglich bekannt, und in den zahlreichen Publikationen von Frensdorff, Hanssen, den meinigen u. a. sind die Mairets oder ähnliche Namen nicht zu finden. 2) Die Reformation in Dortmund ist erst in den Jahren 1570—1578 durchgeführt, jedoch ohne Zwangsmafsregeln gegen die Katholiken, die ruhig hier verblieben sind. Das weitere finden Sie in meinen Beiträgen zur Geschichte Dortmunds 1, 148 f. Ob unter Mairet der korrumpierte Namen eines benachbarten Adelsgeschlechtes etwa der Grafschaft Mark steckt, vermag ich nicht zu sagen. Meines Wissens existiert kein märkisches Adelsgeschlecht mit ähnlich klingendem Namen; bei Westfalen könnte man zunächst nur an die frühzeitig reformierte Grafschaft Mark denken.«

Im Regierungsbezirk Trier giebt es ein katholisches Dorf Ormont mit nach Neumann, Geographisches Lexikon des deutschen Reichs (1883), 300 Einwohnern, in dessen Nähe sich die Trümmer der einst bedeutenden Burg Neuenstein befinden, zu der Ormont früher gehörte. Gegen Ende des 16. Jahrhunderts wurde in Ormont für kurze Zeit die Reformation eingeführt. Eine Stadt ist Ormont allerdings niemals gewesen. Vgl. Schannat, Eiflia illustrata, von Bärsch III, 2, 1 (Aachen und Leipzig 1854) S. 254 ff. Auf meine Anfrage bei dem Ortsvorsteher von Ormont, Herrn Bürgermeister Max Hisgen in Stadtkyll, ferner bei dem Ortsgeistlichen, Herrn Pfarrer Joh. Becker in Hallschlag, erwiderten mir diese Herren, dafs in Ormont selbst der Name nicht vorkomme, dafs alte Kirchenbücher und Urkunden nicht vorhanden seien, dafs aber in Manderfeld und Rodt Familien mit Namen Maret (so ist unseres Dichters Vater im Kirchenbuch von Besançon verzeichnet; s. u.) wohnen. Dies ist nicht genau. Es sind das, wie ich von den betreffenden Herren selbst erfuhr, die Familien Maraite, deren Vorfahren sich teils so, teils Marette schrieben und französischer Abstammung sind. Sie haben also mit Mairet nichts zu thun.

Übrigens ist der Name *Ormond*, den die Parfaict angeben, nicht einmal sicher. In der zu Besançon (Stadtbibliothek) handschriftlich vorhandenen Gedächtnisrede des Rochet de Frasne auf Mairet, gelesen in der Akademie von Besançon, 28. Januar 1754 (Ouvrages des Académiciens

S. 282—304), steht, wie Herr L. Pingaud in Besançon, Professor der neueren Geschichte an der Universität, Sekretär der Akademie, mir ausdrücklich bestätigt, *Oytmund*, nicht *Ormond*. Allerdings rührt die Niederschrift nicht vom Verfasser der Rede selbst her, sondern von der des Lohnschreibers der Akademie, und die Form des *r* ermöglichte leicht eine Verwechslung mit *y*.

Von Ormont ist also jedenfalls abzusehen.

Mairet selbst sagt in der bekannten Lettre vom 30. September 1637 (Apologie | pour Monsieur | Mairet, contre | les calomnies du Sieur Corneille de Rouen. MDCXXXVII, 32 S. 4°; nicht in der Pariser Nationalbibliothek, aber in der Arsenal-Bibl. und der Ste Geneviève, Y. 458 (3) Rés., auch Besançon, Stadtbibl. *); ich zitiere nach einer Abschrift, welche Herr Dannheisser in Besançon hat machen lassen): »Mon grand' père estoit venu de Strasbourg à Besançon pour y prendre les premières notions de la langue françoise comme c'est encore aujourd'huy, la première station des Allemands qui l'ont toujours aymée, tant pour la raison du territoire qui ne produit pas de mauvais vins que pour la liberté de cette ville impériale.« In den Strafsburger Archiven findet sich nichts.

Der Name Maret ist, wie ich durch Vermittlung des Herrn Stadtbibliothekars Dr. Max Keuffer in Trier erfuhr, in Trier, Koblenz, Kaiserslautern, Kreuznach, Hanau, Berlin, Lübeck, Harburg vertreten. Diese deutschen Marets sind mit Ausnahme des Herrn Maret in Trier, der katholisch ist, weil seine Mutter es war, Protestanten. Ihre Vorfahren sind, einer Familientradition zufolge, nach der Widerrufung des Edikts von Nantes aus Dijon oder, nach anderen Mitteilungen, aus dem Languedoc, nach Holland und Deutschland gekommen. Alle Marets in Deutschland stammen, soviel man weifs, von einem Ahnen ab, der

*) Wie ich eben aus Paris erfahre, werden sämtliche auf den Cidstreit bezüglichen Schriften im Anschlufs an eine Arbeit über denselben demnächst von einem jungen Deutschen veröffentlicht, ein sehr dankenswertes Unternehmen, wenn man bedenkt, wie schwer zugänglich Einzelnes, z. B. die Apologie, ist.

gegen Mitte vorigen Jahrhunderts in Trier lebte. In Frankreich ist der Name in einer katholischen Linie noch vielfach verbreitet*), so war z. B. der Kanzler des ersten Napoleon, der Duc de Bassano, ein Maret. Die Familie Maret hat sich nie Maraite oder Marette geschrieben. Von Ormont weifs Herr Maret in Trier nichts. Ob unser Dichter mit diesen Marets zusammenhängt, ist natürlich nicht zu sagen. In jedem Falle aber glaube ich, die deutsche Abstammung Mairets verneinen zu sollen, bis bessere Beweise dafür gefunden sind. Noch erwähne ich, dafs nach einer Mitteilung des Stadtarchivars, Herrn Prof. Dr. Höhlbaum in Köln (wo nach der Notiz bei den Parfaict nachgeforscht werden mufste), in den Kölner Bürgeraufnahmelisten aus dem 16. Jahrhundert, dem einzigen dortigen Material, welches für diesen Zweck Aufschlufs verhiefs, sich folgende ähnlich klingende Namen finden: *Marre, Mares, Meris, Merinck.* Keinerlei Ergebnisse lieferten die sorgfältigsten Nachforschungen nach Mairet und seiner Familie im Kais. und Kön. Haus- Hof- und Staatsarchiv Wien und im Trierer Archiv. Ich berichte über alle diese Schritte, um anderen die Mühe vergeblichen Nachforschens zu ersparen.

Über Mairets Geburtsjahr ist Folgendes zu bemerken. Nach seiner eigenen Angabe in der schon öfter angezogenen Epistre dedicatoire zum Duc d'Ossone**), datiert

---

*) Das Pariser Adrefsbuch führt 9 Mairet und 15 Maret auf.

**) Ähnlich äufsert sich Mairet im Au Lecteur seines letzten Stückes, der Sidonie, »Acheué d'imprimer la premiere fois le 30. Septembre 1643.« Ich teile die in mehr als einer Beziehung interessante Vorrede hier ganz mit, da man sie bisher noch wenig (vgl. Bizos S. 370) beachtet hat. »C'est icy non feulement la plus nouuelle, mais encore la derniere de mes Pieces de Theatre, fur laquelle il te fera permis d'exercer ou ta Critique rigoureufe, ou ton Iugeme[n]t fauorable: Puis que dés à prefent à l'exemple de Meffieurs de Scudery, Du-Ryer, de Rotrou, & autres fameux Auteurs, ie me retire fans regret des occupations de la Scene, apres y avoir trauaillé 17. années. Il me femble que la Mufe qui marche fur le Cothurne, n'auroit pas raifon de fe plaindre

vom 4. Januar 1636, ist er 1610 geboren, und so nahm man auch bis zum Erscheinen der hiſtoire du Théatre François der Gebrüder Parfaict an. Sie nun bezeichnen im 4. Bd. dieses Werkes S. 338 f. auf Grund des schon erwähnten Mémoire als Geburtstag des Dichters den 4. Januar 1604. Marmontel a. a. O. S. LXIII schreibt 1601. Zu 1604 stimmt, auſser anderem, was man bei Gaspary nachlesen möge, vor allem schlecht, daſs zwischen der Aufführung und dem Druck auch der berühmtesten Stücke Mairets ein grosser Zwischenraum, und zwar gewöhnlich immer 6 Jahre, liegt. Und so glaubte Gaspary, Zeitschr. f. roman. Philol. 5 (1881) S. 70 ff., an dem Jahr 1610 festhalten zu müssen.

Das Kirchenbuch von Besançon stellt die Sache sehr einfach richtig. Ich wandte mich brieflich an den Maire von Besançon, Herrn Bruaud, und erhielt von ihm nachstehende Notiz des Herrn A. Castan, Archiviste de la ville de Besançon, Correspondant de l'Institut*).

---

du congé que ie luy demande, & que ie luy donne, apres auoir iuſtement partagé la plus belle moitié de mon âge à ſon ſeruice, ſans autre recompenſe que d'vn peu de bruit, & de quelques feüilles de Laurier. Il eſt temps deſormais d'employer ce qui nous reſte de loiſir & de chaleur, à des ouurages plus ſerieux, & dont le ſuccez ſoit moins dependant de l'opinion ou de l'humeur d'vne aſſemblée, ou les voix ſe comptent pluſtoſt qu'on ne les peſe; & de la diſpoſition des Acteurs, dont la pluſpart affectent plus les perſonnages qui les contentent, que les rôles qui leur ſont propres. Au reſte, ſi pluſieurs de mes amis qui ſont Iuges competans en cette matiere, ne me flattent point, Sidonie eſt ſans doute le plus acheué de tous mes Poëmes, tant pour la verſification, que pour l'artifice & la conduite du ſujet: Ils n'en exceptent pas meſme la Sophoni[sb]e, ny la Cleopatre. Ce ne ſera peut-eſtre pas ton ſentiment, mais il n'importe, à cela ne tienne que nous ne ſoyons touſiours bien enſemble, & que la Paix generale ne ſoit concluë. Adieu.«

*) Wie ich jetzt erst durch Herrn Dannheisser erfahre, dem es Herr Castan mitgeteilt hatte, ist dieser Auszug aus dem Kirchenbuch bereits gedruckt, Revue historique Bd. 25 (1884) S. 84 Anm. 1 in H. Tiviers Artikel über Mairets diplomatische Thätigkeit (Négociations de Jean de Mairet). Diese Veröffentlichung war den Litterarhistorikern entgangen.

Extrait du volume des Archives de la ville de Besançon, intitulé: »Liber Matrimoniorum ecclesiae parochialis Sancti-Petri Bisuntinae civitatis, anno 1601, item baptisatorum ab anno 1601 usque ad 1618.«

»Joannes, filius Joannis Maret [sic!] et ejus uxoris Mariae Clerget, baptizatus fuit die decima maii anno Domini millesimo sexcentesimo quarto; cujus patrinus fuit dominus doctor Joannes Sauget et matrina Joanna Cler.« Da die Kinder gewöhnlich am Tag nach ihrer Geburt getauft wurden, so ist der Dichter der Sophonisbe so ziemlich sicher am 9. Mai 1604 geboren.

Die Geschichte der Sophonisbedichtung behandle ich hier nicht, sondern verweise auf Ludwig Fries, Montchrestiens »Sophonisbe«, seine Vorgänger und Quellen, Marburger Dissertation 1886, sowie auf eine demnächst erscheinende Abhandlung meines Schülers A. Andrae: »Sophonisbe in der französischen Tragödie, mit kurzem Überblick über die dramatischen Bearbeitungen in andern Litteraturen.«

Dagegen schien es mir wertvoll, über die Ausgaben von Mairets Werken schon jetzt alles erreichbare Material zu vereinigen. Da mir aber nicht alle Drucke zugänglich waren, so konnte das Verhältnis der einzelnen Ausgaben eines Stückes zu einander nicht immer bestimmt werden.

Um Berichtigungen und Nachträge zu diesem Verzeichnis bitte ich sehr.

MAIRETS POETISCHE WERKE.

Handschriften sind mir nicht bekannt. Die Drucke sind nicht gerade häufig zu finden. In Deutschland haben wir meines Wissens nirgends ein vollständiges Exemplar von Mairets Dramen, sondern immer nur einzelne Stücke. Auch mein Exemplar ist nicht ganz vollständig; es fehlt der Solyman, dafür sind aber beinahe alle Stücke in den ersten Ausgaben vertreten. Meine Exemplare haben alle ältere

Einbände bis auf den Marc-Antoine von 1639, der aus losen, auf Schreibpapier aufgezogenen Blättern besteht.

Die Pariser Nationalbibliothek ist sehr reich an Exemplaren, weniger an Ausgaben, da jede Ausgabe mehrfach zu finden ist. Von den sonstigen öffentlichen Bibliotheken in Paris besitzt das Arsenal einzeln zwei Ausgaben, aufserdem zwei Sammlungen, B. L. 9740 und 9742 A. Die Bibliothèque Ste Geneviève und die Mazarine haben je nur zwei Sachen von Mairet. Was die übrigen Bibliotheken von Mairetdrucken besitzen, ergiebt sich aus meinen Bemerkungen zu den einzelnen Ausgaben.

Die mir zugänglichen alten Kataloge liefern folgende Angaben über Mairetdrucke *).

Ein wertvolles, vollständiges Exemplar der Werke Mairets ist das des Catalogue Pompadour (Catalogue des Livres de la bibliothèque de feue Madame la Marquise de Pompadour, Dame du Palais de la Reine. A Paris, rue S. Jacques, Chez Jean-Th. Herissaut, Imprimeur du Cabinet du Roi, Maison et Bâtimens de Sa Majesté, et Jean-Thomas Herissaut Fils, Libraire, même maison. MDCCLXV. Avec Approbation.) S. 80: No 860. Théâtre de Mairet, sçavoir:

Chryseide et Arimand, T. C. Rouen, Cailloué 1639, in-8°. Sylvie, T. C. P. Paris, Targa, 1628, in-8°. La même. Troyes, Oudot, 1654, in-12. La même. Lyon, de la Riviere, 1656, in-8°. La même. Rouen, Berthelin, 1667, in-12. La même. Troyes, Oudot, 1681, in-12. Silvanire, ou La Morte vive, avec une Préface en forme de Discours poëtique, T. C. P. Paris, Targa, 1631, in-4°. Le Duc d'Ossonne, C. Paris, Rocolet, 1636, in-4°. La même. Paris, Rocolet, 1696, in-12. Virginie, T. C. Rocolet, Paris, 1635, in-4°. Sophonisbe, T. Paris, Rocolet, 1635, in-4°. Marc-Antoine, T. Paris, Sommaville, 1637, in-4°. La même, Paris, Sommaville, 1639, in-12.

---

*) Was von den nachstehend verzeichneten Exemplaren in öffentliche Bibliotheken übergegangen ist, vermag ich ohne Erhebungen an Ort und Stelle nur ausnahmsweise zu ermitteln.

Le Grand et dernier Solyman, ou La Mort de Mustapha, T. Paris, Courbé, 1639, in-4°. Le Roland furieux, T. C. Paris, Courbé, 1640, in-4°. L'illustre Corsaire, T. C. Paris, Courbé, 1640, in-4°. La même, Paris, Courbé, 1641, in-12. Athenais, T. C. Paris, de Braquigny, 1642, in-4°. La même, Paris, de Braquigny, 1645, in-8°*). La Sidonie, T. C. Paris, Sommaville, 1643, in-4°. Mêlanges poëtiques, Paris, Targa, 1628, in-12.

Die berühmte Bibliothek Pompadour wurde leider in dem Verkauf von 1765 zerstreut. E. Quentin Bauchart, les femmes bibliophiles de France, 2, 55—90, giebt ein Verzeichnis von 127 Werken aus dieser Sammlung, die sich jetzt bei verschiedenen Amateurs befinden. Es sind dies natürlich nur solche Bücher, welche sich entweder durch Prachteinband oder durch andere äufsere Vorzüge auszeichnen. Mairets Werke werden nicht erwähnt (Mitteilung des Herrn Émile Picot in Paris.).

Der Cat. Soleinne (Bibliothèque dramatique de Monsieur de Soleinne. Catalogue rédigé par P. L. Jacob, Bibliophile.) führt drei Exemplare von Mairets Werken auf, zwei vollständige, eines Bd. 1, Paris 1843, S. 225 f. unter No. 1056, exemplaire de Crozat, jetzt auf der Pariser Nationalbibliothek, 4 vol. in-4°, v. f. fil., 12 pièces, das andere, Dernière partie, Livres doubles et Livres omis, 1845, S. 20 No. 145, 12 pièces en 2 vol. in-4°, v. br., fil. Armes, et 1 vol. in-8°, v. gr. Vielleicht aus der Méonschen Bibliothek stammend, die Soleinne teilweise gekauft hat (Cat. Soleinne 1, préface S. XII f.). Allerdings fehlte diesem Méonschen Exemplar die Sophonisbe,

*) Hierauf verzeichnet der Katalog eine andere Ausgabe der Athenaïs, »Paris, Ribou 1700, in 12.« Das ist ein Irrtum. Die Ausgabe befindet sich in der Pariser Nationalbibliothek (Y. Th. 1345) und hat folgenden Titel: Athenaïs, | Tragédie, | [Vignette] | A Paris, | Chez Pierre Ribou, proche les | Augustins, à la descente du Pont-neuf, | à l'Image S. Loüis | MDCC. | Avec Privilege dv Roy. 6 Bll. Titel, Preface, Livres Imprimez chez Pierre Ribou, Extrait dv Privilege dv Roy und Personenverzeichnis. 83 pag. Seiten in 12. Dies ist, wie schon aus dem Privilege hervorgeht, die Athenaïs von La Grange.

sonst war es vollständig. Vgl. Catalogue des livres . . . qui composaient la Bibliothèque de M[éon], Paris 1803, S. 247. Doch hat Soleinne es vielleicht ergänzt. Ein unvollständiges Exemplar hat der Cat. Soleinne unter No. 1057, in dem Sylvie, Criseide et Arimant und Virginie fehlen. Einzelnes steht dort unter No. 1058, 1059, 1127. Weitere vollständige Exemplare verzeichnen der Catalogue La Valliere. II, 5, 45 No. 17384 und die Bibliothèque dramatique de Pont de Vesle augmentée et complétée par les soins du Bibliophile Jacob, Paris 1846, S. 69 f. No. 765 (»Le Marc-Antoine et la Sylvie sont d'une édition différente de celles du Catalogue Soleinne.«).

Die Sylvanire einschliefslich Œuvres lyriques, 1631, der Corsaire, 1640, die Athenaïs, 1642, die Sidonie o. J. sind verzeichnet im Catalogue de livres provenant des bibliothèques du feu roi Louis-Philippe. Bibliothèques du Palais-Royal et de Neuilly. Deuxième partie, Paris 1852, No. 1155, in einem Sammelband Tragédies et comédies de Mairet, Regnault, etc. 2 vol. in-4°.

Nur auch sonst Bekanntes enthält der Catalogue Techener (description bibliographique des livres choisis en tous genres composant la librairie J. Techener, Paris 1855. 58, 2 Bde. 8°) II S. 323 f. (8 Drucke) und der Catalogue des livres rares . . . . . . de la librairie de L. Potier II, Paris 1872, S. 208 No 1579 (nur Silvanire und Autres œuvres lyriques 1631).

Ich führe nun die mir bekannten Ausgaben der Werke Mairets hier auf. Es giebt nur Einzelausgaben, welche von Liebhabern in Sammelbände gebracht worden sind, dann Drucke einzelner Stücke in Sammlungen. Eine Gesamtausgabe der Werke Mairets ist nie veranstaltet worden. Corneille verdrängte Mairet rasch.

Das Verzeichnis bei Gaston Bizos, étude sur la vie et les œuvres de Jean de Mairet (Paris 1877) S. 392 f., wird durch das Folgende vielfach ergänzt. Meine Angaben beruhen beinahe durchweg auf Einsicht der Ausgaben durch mich oder andere. Manches besitze ich auch selbst. ** vor dem Titel bedeutet: in meinem Besitz, * vor dem

Titel bedeutet: von mir selbst eingesehen. Die Exemplare der Pariser grofsen Bibliotheken, welche ich nicht auch besitze, haben die Herren Dr. W. Grünberg und Dr. Gräfenberg für mich eingesehen, und ich gebe ihre Beschreibung wörtlich wieder. Viele Nachweise verdanke ich der bekannten Liebenswürdigkeit von É. Picot in Paris. Die Herren Stadtbibliothekare in Amiens, Lyon, Rennes, Rouen, sowie Herr F. J. Furnivall in London haben mir über seltene Ausgaben in freundlichster Weise Auskunft erteilt. Ihnen, sowie den im Vorstehenden schon genannten Herren, ferner den grofsen Bibliotheken in Berlin, München, Strafsburg, Stuttgart, Wien, Wolfenbüttel, welche mir unbekannte Ausgaben hierherschickten, sage ich meinen verbindlichsten Dank.

Soweit ich die Ausgaben prüfen kann, und abgesehen von dem über einige Sophonisbedrucke schon Bemerkten, ist immer eine Ausgabe aus der andern geflossen, die späteren natürlich mit modernisierter Orthographie und Interpunktion.

I. CHRYSEIDE ET ARIMAND*).

1) Chryfeide | Et | Arimand. | Par le fieur Mairet, | Tragi-Comedie. | [Vignette] | A Rouen, | Chez Jacques Befongne, dans | la Cour du Palais. | M.DC.XXX. | 2 Bll. Titel; Le Libraire au Lecteur; Acteurs. 112 p. S. 8°. Vgl. Bibl. dram. de Pont de Vesle No. 769. Fehlt, wie es scheint, der Pariser Nationalbibliothek und findet sich blofs in der Arsenalbibliothek, da allerdings in zwei Exemplaren in den Sammelbänden: B. L. 9740 und B. L. 9742 A.

Im gleichen Jahr noch erscheint: 2) **Chrifeide | et | Arimand. | Par le fieur Mairet, | Tragi-comedie. | A Paris. | Iouxte la copie Imprimée à Rouen | Chez Jacqves

*) Ich verzichte darauf, in den folgenden Titelangaben die Schriftgattungen der Originalausgaben zu reproduzieren, da ich die Ausgaben nicht immer selbst einsehen konnte.

Befongne. | M.DC.XXX. 2 Bll. wie oben, 106 p. S. 8°. Cat. Soleinne No. 1056; Bibl. dram. de Pont de Vesle No. 766. In der Pariser Nationalbibliothek in mehreren Exemplaren vorhanden. Ferner in Besançon, Stadtbibliothek. London, Brit. Mus; der Schluſs in diesem Exemplar handschriftlich ergänzt.

3) Eine letzte Auflage erlebte das Stück 1639: Chriſeide | Et | Arimand. | Tragi-Comedie. | Par le ſieur Mairet. | [Vignette], A Rouen, | Chez Jacques Caillotté, dans | la Court du Palais. | M.DC.XXXIX. 2 Bll. wie oben, 106 p. S. 8°. Paris, Nat.-Bibl. Y. 5548 c. 2. Alle drei Ausgaben sind unprivilegierte Drucke. Vgl. das Vorwort des Verlegers, welches in allen drei Ausgaben dasselbe ist. Es lautet: »Le Libraire au Lecteur. Amy Lecteur, ceſte Tragi-comedie eſtant tombée entre mes mains, & ſortant d'vne des bonnes plumes de France, comme ſa lecture t'en fera foy, I'ay creu qu'il eſtoit de mon deuoir de la mettre en lumiere, pour t'en faire participant, te ſuppliant de la receuoir d'auſſi bon cœur que ie te la preſente. Adieu.« Mairet macht seiner Entrüstung über die unrechtmäſsige Ausgabe Luft im Advertissement au Lecteur der vierten, 1630, nach dem Erscheinen des Besongueschen Drucks veröffentlichten Ausgabe der Silvie. Dasselbe ist so interessant, daſs ich es ganz hersetze. »AMy Lecteur, Je ſuis obligé de t'aduertir, que l'auarice de certains Libraires a falſifié les preſentes Oeuures, au preiudice de ce peu de bruit que les plus mediocres Eſcriuains ſont encore bien aiſe de s'acquerir parmy les honneſtes gens, pour toute recompenſe de leur temps perdu. Les fautes que leur ignorance a laißé gliſſer dans mes Eſcrits font que i'ay iuſte ſujet de deſaduoüer tous ceux qui iuſques icy ſe ſont pû vendre ſous mon nom, s'ils ne ſont de l'impreßion de François Targa: & entre autres vne Tragi-Comedie intitulée Criſeide et Arimant, que i'ay compoſée au ſortir des Eſcoles à l'âge de quinze à ſeize ans, & laquelle vn Imprimeur de Rouen nommé Jacques Beſongne a miſe au iour cette année, ſans priuilege ny Argument, auec tant de fautes contre mon ſens,

que ie ne puis la recognoiſtre pour mienne. Ce que i'en dy n'eſt pas pour donner plus de prix à mes Pieces par le ſoin qu'on a voulu prendre de les falſifier: Tu n'es pas à ſçauoir qu'on treuue des faiſeurs de fauſſe monnoye qui contrefont außi bien le coin du Prince pour vn ſols que pour vne piſtole. Contente-toy de cet ouurage cy, en attendant que ie te donne vne Tragi-Comedie purement Paſtorale de ma derniere & meilleure façon. Ce que ie promets à ta curioſité, ie le tiendray dans cette année 1630. ADIEV.« Die vorhergehenden Ausgaben der Silvie haben die andere, bei Silvie No. 1 mitgeteilte Vorrede. Vgl. ferner über Mairets Schritte gegen die ohne seine Erlaubnis veranstaltete Ausgabe und das tragische Geschick des Nachdruckers die hiſtoire du Théatre François 4, 343 Anm. »Il [Mairet] fit ce qu'il pût pour en empêcher la vente, juſques-là que Jacques Beſongne, Libraire à Rouen, qui l'avoit mis ſous la preſſe, fut obligé par les pourſuites de François Targa, à qui il en avoit laiſſé procuration, de faire un voyage à Paris, où le pauvre homme mourut ſubitement.« Mairet selbst erzählt den Hergang in der Epître familière S. 9, abgedruckt von Marty-Laveaux, œuvres de P. Corneille (Gr. Écriv.) III, Paris 1862, S. 71, Anm. 2 und sonst, z. B. bei Fournier, Théâtre français au XVIe et au XVIIe siècle, 2, 210. Niceron, Mémoires pour servir à l'histoire des hommes illustres dans la république des lettres, Bd. XXV (Paris 1734) S. 244, spricht von einer Ausgabe der Chriseide Rouen 1629 in-8°. Das ist Druckfehler oder Verwechslung mit 1639.

II. LA SYLVIE.

Groſs ist die Zahl der Ausgaben der Silvie. Bizos beziffert dieselbe auf dreizehn; wir werden sehen, daſs es deren mehr sind.

1) Die älteste ist: La Sylvie | Du Sieur | Mairet. | Tragi-Comedie-Paſtorale. | Dediee A Monſeigneur | De Montmorency. | A Paris, | Chez François Targa, au pre-| mier pilier de la grand' Salle du Palais, | devant les

Confultations. | M.DC.XXVIII. | Avec Privilege du Roy. | 6 Bll. Titel; Widmung A Monfeigneur de Montmorency, Duc, Pair et grand Admiral de France etc.; Argument; Advertiffement au Lecteur; Extraict du Privilege du Roy (Ledit Privilege eft entheriné aux Requeftes de l'Hoftelle 10. Novembre 1627); Les Acteurs; 136 p. S. 8°. Angebunden sind: Autres Œuvres Poëtiques Du Sieur Mairet. A Paris, Chez François Targa, au premier pilier de la grand' Salle du Palais, devant les Confultations. M.DC.XXVIII. Avec privilege du Roy. 71 p. S. und die Chriscide. Paris 1630. Paris, Nat.-Bibl. Y † 5701. Ebenso sind diese drei zusammengebunden in dem Exemplar der Stadtbibliothek von Besançon. Das Advertiffement au Lecteur lautet: AMY Lecteur, tu treuueras deux fortes de fautes en ce Liure, que la curiofité de mes amis fait voir au iour malgré moy, n'ayant iamais eu deffein de rendre mon ignorance publique: les vnes font de l'Imprimeur, & les autres viennent de moy; pour celles-cy ie les abandonne d'außi bon cœur à ta cenfure, que ie te prie de pardonner à celles-là, & d'en remettre le chaftiment à la feconde Edition. Auffallend ist eine Notiz im Cat. Soleinne 1, 226, wo unter No. 1058 folgende Ausgabe verzeichnet wird: »La Sylvie du sieur Mairet. Tragi-comédie Pastorale. (5 a. v.) Edition seconde. Paris, François Targa, 1628 — Autres Œuvres poëtiques du même. Ibid., id., 1628; 2 part. en 1 vol. in-8, parch. vert. Première édition de cette pièce qui eut une si grande célébrité et qui fut réimprimée par le même libraire et dans le même format en 1629 et 1630; à Rouen, Bouley, 1629 et 1631, et à Paris, Marette 1634.« Was »Edition seconde« bedeuten soll, weifs ich nicht. Auch sonst kennt niemand diese zweite Ausgabe. Eine solche fehlt den Pariser öffentlichen Bibliotheken. Es ist nur e i n e Ausgabe von 1628 bekannt.

Bis auf die Titelblätter scheinen mir folgende zwei Ausgaben (beide Nachdrucke) ganz identisch zu sein.

2) ** La Sylvie | Dv Sievr | Mairet, | Tragi-Comedie-Paftorale. | Dedice A Monfeignevr | De Montmorency. |

[Vignette] A Paris, | Chez François Targa, | Et se vendent à Roüen chez Jean Bovley, | ruë aux Iuifs, entre les deux portes | du Palais. | M.DC.XXIX. | 6 Bll. Titel; Widmung wie oben; Argument; Advertiſſement av Lectevr: derselbe Wortlaut wie No. 1, nur am Schluſs *à vne autre Edition* statt *à la ſeconde E.* An Stelle des Privilegs findet sich das Gedicht:

Av Sievr Mairet.
Mairet cette belle Sylvie
Que la Scene cherit ſi fort,
Te donnera malgré la mort
Le bien d'vne eternelle vie.
L. T. N.;

Les Actevrs. 131 p. S. 8°. Auch Dresden; Paris, Nat.-Bibl. Vgl. Cat. Techener No. 10 337. Angebunden: Avtres | Œvvres | poetiqves | dv Sievr | Mairet. [Vignette] A Roven, | Chez Jean Bovley, ruë aux Iuifs, entre | les deux portes du Palais. | M.DC.XXIX. 61 p. S. 8°. Auch Dresden.

3) La Sylvie | Du Sieur | Mairet. | Tragi-Comedie-Pastorale. | Dediee A Monseignevr | De Montmorency | A Rouen, | Chez Jean Bouley, ruë aux Juifs, entre | les deux portes du Palais. | M.DC.XXIX. | 6 Bll. wie oben, 131 p. S. 8°. Arsenalbibl. B. L. 10 909. Auch hier die Autres œuvres poétiques angebunden; ein anderes Exemplar meiner Ausgabe No. 2, aber unvollständig, nur 60 S., das letzte Blatt mit S. 61 fehlt. Vgl. Catalogue La Vallière II, 5, 45 No. 17 385.

Das Jahr 1630 brachte drei Ausgaben der Silvie. Zunächst einen Nachdruck von No. 2.

4) *La Sylvie | Dv | Sievr | Mairet. | Tragi Comedie Paſtorale. | Dediee A Monſeignevr | De Montmorency. [Vignette] A Roven, | Chez Iean Bovlley, ruë aux Iuifs, | entre les deux portes du Palais. | M.DC.XXX. | 6 Bll. Titel; Widmung A Monſeigneur de Montmorency etc.; Argument de la Sylvie; Advertiſſement av Lecteur; Au Sieur Mairet; Les Acteurs. Kein Privileg. 110 p. S. Am Schluſs des Bandes mit fortlaufender Paginierung:

Avtres | Oevvres poetiqves dv Sievr | Mairet. [Andere Vign.] A Roven, | Chez Iean Bovley, ruë aux Iuifs, | entre les deux portes du Palais. | M.DC.XXX | einschl. Titel S. 111—170. 8°. Wien. Genauer Abdruck der Ausgabe von 1629 (No. 2), nur auf eine geringere Anzahl von Seiten zusammengedrängt. Dasselbe gilt für die Autres œuvres poétiques, nur daſs hier die Titelblätter der Ausgaben von 1629 und 1630 genau übereinstimmen und die Paginierung in 1630 fortläuft, während in 1629 die Autres œuvres poétiques besonders paginiert sind. Von der Targaschen Ausgabe 1630 unterscheidet sich diese (No. 4) durch Folgendes: das Advertissement au Lecteur ist in No. 4 das alte. Die Orthographie ist in No. 4 älter als in No. 5. Druckfehler, welche No. 4 hat, werden von No. 5 verbessert. Die Sceneneinteilung wird von No. 5 einmal geändert: die 2. Scene des I. Aktes ist geteilt, der erste Akt hat also 5 Scenen.

5) Eine bei Targa, die dritte bei diesem Verleger. **La Sylvie | Dv Sievr | Mairet. | Tragi-Comedie-Paſtorale. | Dediee A Monſeignevr | De Montmorency. | Troiſieſme Edition, reveuë & corrigée | par l'Autheur. [Vignette] A Paris, | Chez François Targa, au premier pilier | de la grand' Salle du Palais, deuant les | Conſultations, au Soleil d'or. | M.DC.XXX. | Auec Priuilege du Roy. | 6 Bll. Titel; Widmung A Monſeignevr Le Dvc de Montmorency & de Dampuille, Pair & grand Admiral de France, &c.; Argvment de la Sylvie; Av Sievr Mairet; Advertiſſement av Lectevr [dasselbe ist unter Chriseide No. 3 abgedruckt]. Extraict du Priuilege du Roy (Ledit Priuilege eſt entheriné aux Requeſtes de l'Hoſtel le 10. Nouembre 1628); Les Actevrs; 131 p. S. 8°. S. 132 ist leer. S. 133—203 enthält Avtres | Œvvres | Poëtiqves | Dv Sievr Mairet. [Vignette] A Paris, | Chez François Targa, au pre- | mier pilier de la grand' Salle du Palais, | deuant les Conſultations. | M.DC.XXX. | Auec Priuilege du Roy. | S. 133—34 unp. Titel, S. 135—203 paginiert. S. 201 steht ein »Sonnet à Monſievr Denis«. Anf. Tv penſes, cher amy, que dans ma ſolitude, welches die früheren Ausgaben

noch nicht haben, wohl aber die späteren. S. 204 leer. Besançon, Stadtbibliothek. Ein drittes Exemplar dieser Ausgabe befindet sich auf der Grande Bibliothèque de la Ville de Lyon. Sonst finde ich die Ausgabe nur erwähnt in der Bibliotheque du Théatre François, depuis son origine, Dresde 1768, 2, 88.

6) La Sylvie | du sieur | Mairet. | Tragi-Comédie-Pastorale. | Dédiée à Monseigneur | de Montmorency | A Caen, | De l'Imprimerie, de | Jacques, Mangeant. | M.DC.XXX. | 6 Bll. Titel; Widmung A Monseigneur de Montmorency, Duc, Pair, et Grand-Admiral de France; Argument de la Sylvie; Advertiſſement au Lecteur; Au Sieur Mairet; Les Acteurs. Kein Privileg. 131 p. S. 8°. Hierauf mit neuer Pagination: Autres | oeuvres | poetiques du Sieur | Mairet. | A Caen, | de l'imprimerie, de | Jacques, Mangeant. | M.DC.XXX. | Unvollständig. S. 1—50. Bis dahin genau wie in unserer No. 2. Nur in der Stadtbibliothek in Amiens vorhanden (B. L. 2071.). Fehlt den Pariser öffentlichen Bibliotheken. Den Nachweis dieser Ausgabe verdanke ich É. Picot. Vgl. auch Bibl. dram. de Pont de Vesle No. 766. Der Bibliothekar der Bibliothèque communale in Amiens, Herr R. Vion, hat mir auf meine Anfrage obige nähere Mitteilungen über die Ausgabe gemacht. Er fügt noch bei: »Notre exemplaire, court de marges, fatigué, mal conservé dans sa reliure en parchemin, dos en papier, a perdu au moins un cahier et demi, à la fin; les œuvres poétiques, paginées à part, n'ont que 50 pages qui se suivent; les 3 ou 4 derniers feuillets sont séparés par des lacunes.«

7) Eine Ausgabe, Rouen, Jean Boulley, 1631, 8°, kenne ich nur aus Cat. Soleinne No. 1058 und genauer aus Bibl. dram. de Pont de Vesle No. 766. Wo ist das Ex. jetzt?

8) La Sylvie | du sieur | Mairet. | Tragi-comedie-Pastorale. | Dediée a Monseigneur | De Moutmorency. | Quatriesme Edition, reueuë & corrigée | par l'Autheur. [Vignette] A Paris, | Chez Estienne Savcié, ruë des sept | Voyes, a sainct Hilaire. | M.DC.XXXIII. | 6 Bll. Titel;

Widmung; Argument; Au Sieur Mairet; Advertissement au Lecteur; Les Acteurs. Kein Privileg. 131 p. S. S. 132 ist leer. Darauf folgt mit fortlaufender Paginierung S. 133—203 Avtres | Œuvres, | Poetiques | dv Sievr | Mairet. [Vignette] A Paris, | Chez Estienne Socié, ruë des sept Voyes, à sainct Hilaire. | M.DC.XXXIII. | S. 204 ist leer. Vgl. Bibl. dram. de Pont de Vesle No. 766. Auch von dieser Ausgabe ist mir nur ein Exemplar, London, Brit. Mus., bekannt. Sie fehlt den Pariser öffentlichen Bibliotheken.

9) Die Bibl. dram. de Pont de Vesle bringt unter No. 766 nach unserer No. 8 und vor der Ausgabe von 1681 noch folgende, mir sonst ganz unbekannte: »Rouen, Jean-B. Besongne, s. d., in-12, monté in-8⁰.« Wo ist das Ex. jetzt?

Wieder drei Ausgaben haben wir 1634.

10) La Sylvie | Du Sievr | Mairet. | Trage-Comedie-Paſtorale. | Dediee A Monſeigneur | De Montmorency. | Quatrieſme Edition, reveuë, et corrigée | par l'Autheur. [Vign.] A Paris, | Chez François Targa, au premier pilier | de la grand' Salle du Palais, deuant la | Chapelle, au Soleil d'or. | M.DC.XXXIIII. | Avec Privilege du Roy. | 6 Bll. wie No. 1. 131 p. S. 8⁰. So auch Cat. Soleinne No. 1056. Der Band bietet S. 133—203 Avtres | Œvvres Poetiques | Dv Sievr | Mairet. [Vignette] A Paris, | Chez François Targa, au pre- | mier pilier de la grand' Salle du Palais, | devant les Conſultations. | M.DC.XXX. | Avec Priuilege du Roy. | Paris, Nat.-Bibl. Y non porté (Réserve). Ein Exemplar dieser Ausgabe der Silvie, VI, 130 S., findet sich in der Arsenalbibliothek, B. L. 9739. S. 131—196 enthalten die Avtres | œvvres | poetiqves | dv Sievr | Mairet. [Vignette] A Paris, | Chez François Targa, au premier pilier | de la grand' Salle du Palais, deuant la Chapelle. | M.DC.XXXIIII. | Auec Priuilege du Roy.

11) La | Sylvie | Dv Sieur | Mairet. | Tragi-Comedie-Pastorale. | Dédiée A Monseigneur | De Montmorency. Derniere Edition. | A Paris, | De l'Imprimerie de Claude Marette, | ruë des Noyers, au Chapeau Rouge. |

M.DC.XXXIIII. | 4 Bll. Titel; Widmung A Monſeigneur le Dvc De Montmorency ....; Argument; Les Acteurs. Kein Privileg. 131 p. S. 8°. Dieser Ausgabe angefügt mit Fortführung der Seitenzahlen (133—199): Avtres Œvvres | Poëtiqves | Dv Sievr | Mairet. | M.DC.XXXIII. Paris, Nat.-Bibl. Y 5701. Arsenal B. L. 9742 A. Besançon. Stadtbibl. Vgl. Cat. Soleinne No. 1058, Bibl. dram. de Pont de Vesle No. 765 und Catalogue La Vallière II, 5, 45, No. 17 384. Da die Autres Œuvres poétiques immer mit der Silvie zusammen erschienen sind und hier in beiden Exemplaren die Jahreszahl 1633 tragen, so ist eine Ausgabe der Silvie bei Marette vom Jahr 1633 nicht unwahrscheinlich. Aufgefunden ist sie noch nicht.

12) Eine Ausgabe bei Nic. Oudot in Troyes von 1634, 8°, verzeichnet der Catalogue La Vallière, 1767, No. 3016. Mitteilung Picots. Wo ist das Ex. jetzt?

13) * La Sylvie | Dv Sievr | Mairet. | Tragi-Comedie Paſtorale. | Dediee a Monſeignevr | De Montmorency. | Sixieſme Edition, reueuë & corrigée | par l'Autheur [Vignette]. A Paris, | Chez Nicolas & Jean de la Coſte, au mont | S. Hilaire, à l'Eſcu de Bretagne, & en leur boutique à la petite porte du Palais, deuant les Auguſtins. | M.DC.XXXV. | 6 Bll. Titel; Widmung wie No. 5; Argument; Au Sieur Mairet, von L. T. N.; Les Acteurs. Kein Privileg. 131 p. S. 8°. S. 132 leer. S. 133—203 enthält Avtres | Œvvres | Poetiques | Dv Sievr | Mairet. [Dieselbe Vignette] A Paris, | Chez Nicolas & Jean De La Coſte, au | mont S. Hilaire à l'Eſcu de Bretagne, | & | En leur boutique à la petite porte du Palais, | deuant les Auguſtins. | M.DC.XXXV. | S. 133—34 Titel. S. 204 leer. München.

14) La Sylvie | du Sieur | Mairet. | Tragi-Comedie Pastorale, | Dedié A Monseigneur | De Montmorency. | Dernière Edition. | A Troyes, | Chez Nicolas Oudot: en la ruë | notre Dame, au Chappon d'Or Couronné. 1654. | 95 p. S. 8°, davon die ersten 6 Titel; Widmung; Argument; Acteurs. Kein Privileg. Paris, Ste Geneviève.

15) Lyon, Cl. de la Riuière, 1654. 8°. Cat. Pom-

padour, 1765, No. 860. Mitteilung Picots. Wo ist das Ex. jetzt?

16) Rouen, Berthelin, 1667. 12. Cat. Pompadour, 1765, No. 860. Mitteilung Picots. Wo ist das Ex. jetzt?

17) La Sylvie | Du Sieur | Mairet, | Tragi-Comedie | Pastorale, | Dedie A Monseigneur | De Montmorency. | Derniere Edition. | A Paris, | Chez Olivier Courbé au Palais | a la Palme. | M.DC.LXXXI. | 3 Bll. Titel; Widmung; Argument; Acteurs. Kein Privileg. 88 p. S. in 12°. Paris, Nat.-Bibl. Y 5548 C. 13. (Réserve.) Die Angabe des Verlegers ist in dem Ex. nur mit Tinte später eingetragen.

18) ** La Sylvie | Du Sievr | Mairet, | Tragi-Comedie | Paſtorale, | Dedié [so!] A Monſeignevr | De Montmorency. | Derniere Edition. [Vignette] A Troyes Chez Nicolas Oudot, & ſe vendent | A Paris, | Chez la Vefve Nicolas Ovdot, | ruë vieille Bouclerie. | M.DC.LXXXI. | 3 Bll. Titel; Widmung; Argument; Les Acteurs. Kein Privileg. 88 p. S. 12°. Ein anderes Exemplar auf der Pariser Nationalbibliothek (ohne Nummer). Vgl. auch Cat. Pompadour, 1765, No. 860. Die Ausgaben von 1654 und 1681 gehören also zusammen.

19) Die Bibl. dram. de Pont de Vesle No. 766 verzeichnet eine Ausgabe der Sylvie, Paris, Ant. de Rafflé, 1681, in-12 monté in-8. Wo ist das Ex. jetzt?

Die letzte Ausgabe der Silvie ist:

20) La | Sylvie | du Sieur | Mairet | Tragi-Comedie | Pastorale. | A Caen | Chez J. Jacques Godes imprimeur proche | le College des R. R. P. P. Jesuites. | M.D.CC.XVI. | Kein Privileg. Stadtbibliothek in Rennes No. 8148, wie mir É. Picot mitgeteilt hat. Der Herr Bibliothekar der Stadtbibliothek zu Rennes hat mir die Ausgabe genau beschrieben. Er bemerkt ferner: »Cette pièce est assez bien conservée, mais très courte de marges. Elle a été brochée, la seconde, dans un recueil factice qui en comprend trois autres, savoir:

1° Le Gardien de Soy-mesme. Comedie de Monsieur Scarron. — A Amsterdam, Raph. Smith. M.DC.LV.

2° La Sylvie.

3° Les Amours de Jupiter et de Semelé. Tragédie par M. Boyer. — A Paris, et se vend au Palais. — M.DC.LXVI.

4° Astrate roy de Tyr. Tragédie (par Quinault). — A Amsterdam, chez Raphael Smith. — M.DC.LXV.

C'est un in-12 de 84 pages, y compris le titre. Les cahiers portent les signatures A-O et sont composés alternativement de 4 et de 2 feuillets, soit 8 et 4 pages. Au verso du titre de la Sylvie (page 2) est le tableau des »Acteurs«. Le 2^d^ feuillet, paginé 3 et 4, contient »l'Argument de la Sylvie«. La pièce commence à la page 5. Sur cette même page 5 est la signature: Poullain, sans doute celle de Poullain du Parc, célèbre jurisconsulte Rennais (1703—1782), qui legua par testament ses livres, au nombre de 786 volumes, à la bibliothèque des Avocats de Rennes, devenue municipale après la Révolution. Néanmoins je ne vois figurer le titre d'aucune des pièces citées ci-dessus, dans l'état, d'ailleurs très sommaire, des livres de Poullain Du Parc, dressé le 13 mars 1783 par le Bibliothécaire des Avocats. J'y relève seulement cette indication vague, parmi les œuvres dramatiques: Recueil de pièces, un vol. in 12.«

Falsch ist Mouhy's Angabe, abrégé de l'histoire du Théatre François, nouv. éd., Paris 1780, 2, 213, die Sylvie sei 1620 gedruckt worden. Es ist das einer der vielen Druckfehler, die das Buch hat.

III. LA SILVANIRE.

** La | Silvanire | ov la | Morte-Vive | du Sr Mairet | Tragicomedie | paſtorale | Dediee a Madame la Ducheſſe | de Montmorency. | Auec les figures de | Michel Laſne | A Paris. | Ches François Targa au premier pillier de la grand' Salle du Palais. | Au Soleil Dor. | Auec Priuilege dv Roy 1631. | 28 Bll. Titel; Widmung A tres-havte et tres-pviſſante Dame, Madame Marie Felice des Vrſins, Ducheſſe de Montmorency & d'Ampuille, Baronne de

Chasteaubriand, &c.; Argvment; Preface, en forme de Discovrs poetiqve. A Monsieur le Comte de Carmail; verschiedene Gedichte an Mairet; Extraict du Priuilege du Roy (Acheué d'imprimer le 31. Mars 1631); L'Amovr honneste. Prologue; Druckfehlerverzeichnis. Les Personnages. 186 p. S. 4⁰. Die Zeile *Auec Priuilege dv Roy 1631* ist in meinem Exemplar vom Buchbinder weggeschnitten, im Berliner Ex. noch sichtbar. Das Titelblatt ist von Michel Lasne gestochen; oben befindet sich das bekannte Brustbild Mairets mit Namensumschrift *I. Mairet de Besançon.* Zu jedem Akt ein ganzseitiger Stich (also 5) von M. Lasne, die Hauptvorgänge des Aktes in geschickt arrangiertem Nebeneinander darstellend. Prachtausgabe. Auch Dresden; Paris, Nat.-Bibl. und Arsenal; Lyon, Grande Bibliothèque de la Ville; Brit. Mus.; Besançon, Stadtbibl. Dieses letztere Ex. enthält zuerst das Titelblatt der Autres Œuvres lyriques, während diese selbst nach der mir aus Besançon mitgeteilten Beschreibung fehlen. Dann die 28 unp. Bll., hierauf das Titelblatt zur Silvanire und diese selbst.

Angebunden: Avtres | Œvvres | lyriqves | dv Sievr | Mairet. [Vignette] A Paris, | Chez François Targa, au premier pilier | de la grand' Salle du Palais, deuant | les Consultations. | M.DC.XXXI. | Avec Privilege dv Roy. | 2 Bll. Titel. Auf der Rückseite desselben ein Bild des Herzogs von Montmorency von Michel Lasne; Widmung A Monseignevr le Dvc de Montmorency & d'Ampuille, Pair & Mareschal de France, & Lieutenant General pour le Roy en Languedoc; Advertissement. 96 p. S. Der Schluss fehlt. Der Band enthielt noch den Cosroes von Rotrou, welcher mit herausgerissen ist. Dem Berliner Exemplar fehlen die Autres œuvres lyriques ganz.

Delandine, bibliographie dramatique, ou tablettes alphabéthiques du théatre des diverses nations, Paris & Lyon o. J. S. 516 bezeichnet als Zeit der ersten Aufführung der Silvanire das Jahr 1725. Das ist eben so ein Druckfehler statt 1625 wie die Angabe, das Stück enthalte statt fünf vier Akte.

IV. DUC D'OSSONNE.

1) ** Les | Galanteries | dv Dvc | d'Offonne | Vice-Roy de Naples. | Comedie de Mairet. [Vignette: ein Schild mit dem Wappen der Stadt Paris, umgeben von zwei Lorbeerzweigen. Dieselben sind unten durch ein Band zusammengehalten, in dessen beiden Schleifen sich die Initialen P. R. befinden.] A Paris, | Chez Pierre Rocolet, Imp. & Libraire | ordinaire du Roy, au Palais, en la gallerie des | Prifonniers, aux Armes de la Ville. | M.DC.XXXVI. | Auec Priuilege du Roy. | 5 Bll. Titel; Widmung A Tres-docte et tres-ingenievx Anthoine Brvn, Procvrevr general au Parlement de Dole. Epiftre dedicatoire, Comique & Familiere, datiert 4. Januar 1636; Extraict dv Privilege (Acheué d'imprimer le 7. Ianuier 1636); Les Actevrs. 128 p. S. 4°. *Berlin; Paris, Nat.-Bibl. und Arsenal; Besançon, Stadtbibliothek; Brit. Mus.

2) ** Les | Galanteries | dv | Dvc d'Offonne, | Vice Roy de Naples. | Comedie de Mairet. [Vignette] A Lyon, Chez Clavde la Riviere, | ruë Merciere, à la Science. M.DC.XLIX. | 7 Bll. Titel; Widmung wie No. 1; Les Actevrs. Kein Privileg. 128 p. S.

Die Übereinstimmung der beiden Ausgaben, abgesehen von dem Privilege, welches der Lyoner Nachdruck nicht hat (die Seite, wo er in No. 1 steht, ist hier leer gelassen), geht in dem Stück selbst so weit, dafs sich Seite für Seite genau entsprechen; in dem Lyoner Exemplar ist dieselbe Gattung von Kursivtypen gewählt wie in der Ausgabe von 1636, nur dafs sie in ersterem, entsprechend dem etwas kleineren Format desselben, auch etwas kleiner sind. Die Widmung entspricht nicht Seite für Seite, weil eben das Format kleiner ist. Auch Paris, Nat.-Bibl.

3) Eine Ausgabe des Duc d'Ossonne, Paris, Rocolet 1696, in-12, verzeichnet der Cat. Pompadour No. 860. Wo ist das Ex. jetzt?

4) Eine neue Ausgabe des Duc d'Ossonne bei Fournier, le Théâtre Français au XVIe et au XVIIe siècle, o. J., II,

217—279. Mit nur wenig modernisierter Orthographie und mit modernisierter Interpunktion.

Einen Abdruck des Duc d'Ossonne, der nicht erschienen ist, verspricht der Herausgeber des Théatre François, ov Recueil des meilleures Pieces de Théatre, Paris, Pierre Ribou, Tome IV, M.DCC.XXXV, Avertissement S. 12 für das von ihm beabsichtigte Supplement zu den ersten 3 Bänden des Theatre François, ou recueil des meilleures Pieces de Theatre des anciens Auteurs, Paris, Pierre Ribou, M.DCCV, welche sein Vater herausgegeben hatte. Diese 2 Supplementbände sind nicht erschienen. Dagegen erschien 1737 die a. a. O. S. 7 angekündigte zweite Auflage der drei ersten Bände des Theatre François von 1705 bei P. Gandouin in Paris, welche die meisten Stücke des Theatre François von 1705 enthält, allerdings in ganz anderer Verteilung über die 3 Bände; außerdem fehlen 5 Stücke, wofür 3 andere eingesetzt sind: Laure persecutée. Tragi-Comedie. par Mr. De Rotrou (im I. Bd. von 1737); Esther, Tragedie. par Mr. Du Ryer (im III. Bd. von 1737); La Mariane, Tragedie. par Mr Tristan (im II. Bd. von 1737), davon die ersten 2 aus der Zahl derer, die für das Supplement angekündigt waren. Die 5 fehlenden Stücke sind im 6. und 7. Bande des Gandouinschen Théatre François abgedruckt. Ein weiteres der für das Supplement angekündigten Stücke, Scudérys Tragicomédie L'Amour tyrannique, ist ebenfalls im 7. Bd. des Théatre François, Paris, Gandouin, M.DCC.XXXVII, S. 501—624, erschienen.

V. LA VIRGINIE.

** La | Virginie, | Trage-Comedie | de Mairet. | Dediee | a la Reyne. [Dieselbe Vignette wie Duc d'Ossonne.] A Paris, | Chez Pierre Rocolet, au Palais en la | gallerie des Prifonniers, aux Armes de la Ville. | M.DC.XXXV. | Avec Privilege dv Roy. | 4 Bll. Titel; Widmung A la Reyne, undatiert; Au Lectevr; Extraict dv Privilege (Acheué d'imprimer le Mardy 22. May 1635); Les Actevrs.

128 p. S. 4°. *Berlin; Paris, Nat.-Bibl. und Arsenal; Besançon, Stadtbibliothek; Brit. Mus. Auffallenderweise erwähnt die Bibliotheque des Théatres, Paris 1733, S. 315, als Jahr des Erscheinens der Virginie 1634, während das Buch sonst das Erscheinungsjahr des Stückes genau angiebt. Doch vgl. zu Soliman.

VI. LA SOPHONISBE.

1) **Die hier abgedruckte erste Ausgabe von 1635. Die Titelvignette ist dieselbe wie auf dem Titelblatt des Duc d'Ossonne und der Virginie. Weitere Exemplare *Berlin; Paris, Nat.- und Arsenalbibliothek; Besançon, Stadtbibliothek.

Folgende Druckfehler in meinem Abdruck bitte ich zu verbessern.

S. 11 Zeile 55 ist eine 5 im Druck abgesprungen. Lies also 55. S. 12 Z. 88 l. *armée* st. *armee*. S. 49 Z. 1115 mufs lauten: *Quel ſujet auez-vous de vous inquieter?* Z. 1122 l. *nos* st. *uos*. S. 50 Z. 1130 l. *quitte* st. *qnitte*. S. 65 Z. 1560 l. *parfait* st. *parlait*. 1563 ist der Strich in *bien-faits* dem Setzer zu grofs geraten. S. 71 Z. 1723 l. *tranſporteroient* st. *trauſporteroient*. S. 79 Anm. zu 1258 l. *eſpée* st. *eſpee*.

1609 *vien* und 1628 *leur* habe ich absichtlich stehen lassen, obwohl *leurs* sonst, z. B. 160 u. ö., flektiert vorkommt. Zu *vien* vgl. Vaugelas, remarques ed. Chassang I, 321. Nach Littré Wb s. v. *leur* 2 Etym. schreiben Brantôme und Malherbe in ihren eigenhändigen Handschriften immer *leur amitiés, leur guerres*.

51 l. *quelle* st. *qu'elle* des Originals.

2) *La | Sophonisbe, | Tragedie [Vignette: ein Blumenkorb] A Paris, | Chez Gabriel Qvinet, au Palais, | dans la Galerie des Priſonniers | à l'Ange Gabriel | M.DC.LXIII. | 2 Bll. Titel; Au Lecteur; Les Perſonages; das Andere fehlt. 80 p. S. 12°. Äufserlich und innerlich schlecht. Strafsburg. Vgl. Bibl. dram. de Pont de Vesle No. 771.

3) La | Sophonisbe, | Tragedie | A Paris, | Chez Guillaume de Luine, Libraire Iuré, au | Palais, sous la montée de la Cour | des Aydes. | M.DC.LXIII. | in 12°. Paris, Bibl. Mazarine No. 42102. 2 Bll. Titel; Au Lecteur; Les Acteurs. Kein Privileg. 80 p. S. Im gleichen Jahr und beim gleichen Verleger wie Corneille's Sophonisbe. Vgl. É. Picot, Bibliographie Cornélienne, Paris 1876, S. 96 ff. Scheint ganz zu meiner No. 2 zu stimmen. Dr. Gräfenberg hat die ersten 153 Verse kollationiert. Das Ergebnis seiner Kollation gebe ich in den Lesarten. 2 und 3 sind also Nachdrucke, selbst ohne Angabe des Verfassers.

Ausgaben der Sophonisbe in Sammlungen.

4) **Theatre François, ou Recüeil des meilleures Pieces du Theatre des Anciens Auteurs. Tome II. A Paris, Chez Pierre Ribou, ſur le Quay des Auguſtins, à la deſcente du Pont-Neuf, à l'Image Saint Loüis. M.DCCV. Avec Approbation & Privilege du Roy. 8°. Sophonisbe bildet dort das dritte Stück, mit besonderem Titel (La Sophonisbe, Tragedie. Par le Sieur Mayret.) und besonderer Paginierung, S. 1—71. Ich besitze die Sophonisbe als Separatausschnitt aus dieser Sammlung. Auch die Pariser Nationalbibliothek besitzt einen solchen, zusammengebunden mit 5 verschiedenen Drucken, darunter auch der Solyman (s. dort).

5) *Théatre François, ou Recueil des meilleures Pieces de Théatre. Tome II, Paris M.DCC.XXXVII. (Durchlaufend paginiert) S. 85—197. Titelblatt: La Sophonisbe, Tragedie, par Mr Mayret. Auch hieraus ein S.-A. in dem Sammelband Recueil de pièces de Théâtre, 16. Bd. der Berliner Königl. Bibliothek.

6) *Marmontel, Chefs-d'Œuvre dramatiques, ou recueil des meilleures pièces du Théatre François, Tragique, Comique et Lyrique; avec Des Discours préliminaires sur les trois genres, & des Remarques sur la Langue & le Goût. Paris M.DCC.LXXIII. 4°. Guter revidierter Text mit brauchbaren Anmerkungen.

7) Einen Abdruck der Sophonisbe, Tragedie de Mairet,

enthält zum Jahre 1630 der Recueil des meilleures pièces dramatiques faites en France depuis Rotrou jusqu'à nos jours, ou le Théâtre François. (Publié par Delisle de Salles) Lyon 1780—81. (8 Bde. 8°.) Bd. 2, S. 123—218. Es folgen die gleichnamigen Stücke Corneilles und Voltaires. Ich habe die Sammlung nicht einsehen können. Vgl. auch Cat. Soleinne 3. Bd. No. 3126.

8) **Petite Bibliotheque des Théatres. I. Paris M.DCC.LXXXIII. Diese Sammlung wird mit unsrer Tragödie eröffnet. Derselben voraus gehen 1 Bild Mairets, S. 1—9 Vie de Mairet, S. 10—14 Catalogue des pièces de Mairet. Dann folgt mit neuer Paginierung das Stück. Unpag. Titelblatt. Sophonisbe, | Tragédie | de Mairet, | dédiée | a Monseigneur | Messire Pierre Séguier, | Garde des Sceaux de France. [Vignette] A Paris, | Au Bureau de la Petite Bibliotheque des Théa- | tres, rue des Moulins, butte S. Roch, n° 11. | M.DCC.LXXXIII. | XVIII p. S. Widmung wie 1635; Au Lecteur; Sujet de Sophonisbe; Iugements et anecdotes sur la Sophonisbe de Mairet; Catalogue des Tragédies qui ont paru sous le titre de Sophonisbe. Das Stück umfaſst 82 p. S. 18°.

9) Eine Ausgabe der Sophonisbe verzeichnet ferner die Bibl. dram. de Pont de Vesle No. 786: Chefs-d'œuvre de Mairet (Sophonisbe) Duryer (Scévole), Rotrou (Venceslas) et Desmarets (les Visionnaires) [avec des notices sur ces quatre auteurs]. Paris, Déterville, an IX (1800), in-8°, portraits de Mairet et de Rotrou ajoutés, v. éc. fil.

Ich kenne diese Sammlung nicht. Sie fehlt auf der Pariser National- und auf der Arsenalbibliothek. Auch sonst hat sie Dr. Grünberg nicht erhalten können.

Eine Ausgabe der Sophonisbe in 12°, angeblich Paris? 1629?, verzeichnet der Katalog des Brit. Mus. Dies ist bloſs ein Separatausschnitt aus einer der Theatersammlungen, wie ich mich selbst früher überzeugt habe. Welcher dieser Sammlungen das Stück entnommen ist, kann ich jetzt aus dem Gedächtnis nicht feststellen.

Mouhy a. a. O. 1, 213, will eine Ausgabe der Sophonisbe von 1631 und eine von 1635 kennen; freilich spricht er auf derselben Seite weiter unten nur von der Ausgabe 1635.

Im Nachstehenden gebe ich eine Kollation der erreichbaren Ausgaben. *A* ist die Ausgabe von 1635, *B* 1663, B^1 1663 Luine, *C* 1705, *D* 1737, *E* Marmontel, *F* Petite Bibliotheque des Théatres. Die Varianten hat Herr Dr. Chr. Fass ausgezogen.

12 as] a *C D*. 22 Ny] N'y *B* B^1. 28 avecque] avec *C D*. 31 Hay] hais *E F*. tu le veux] tu veux *B* B^1 *C D*. 38 Ny] N'y *B* B^1. 46 mit] mis *B* B^1. 47 Ha! Sire, pleust *u. s. w.*] Ha! Seigneur *u. s. w. C*. Seigneur, au nom des Dieux, pourrois-je être écoutée? *D*. 48 impudente] imprudente *D*. 51 qu'elle] quelle *C D E, F*. 56 feux] veux *B*, voeux *C D*. 57 Non, Sire] Seigneur *C D*. 59 imp(r)udence] impudence *B C D E F*. 70 soüille] souilles *F*. 72 extravagance] d'extravagance *C D*. 74 dy] dis *C*, di *D E F*. 77 Quoy que] Quoique *D E F*. croyez] croyiez *F*. 84 qu'avecque] qu'avec *B* B^1 *C*, *letzteres hat niemals* avecque. 85 Sire] Seigneur *C D*. quelle] qu'elle *B*, quel *F*. 91 quasi] presque *E*. 96 aſſervie] affermie *B* B^1. 111 Croy] Crois *E F*. 116 prophetique] malheureux *B* B^1. 117 *fehlt B* B^1; ſuccez mal-heureux] deſtin rigoureux *C D*. 132 *läſst D eine neue Scene beginnen.* 136 horreur] erreur *E*. 142 encor] encore *C*. *C hat nur* encore. 147 mon] men *B* B^1. 153/54 *Überschrift:* Philon, General de Syphax] Syphax, Philon, Général de Syphax. Philon *C D*. — *D beginnt hier Scene III.* 154 Sire, l'on] Seigneur, on *C D*. 160 leurs esprits] leurs esprit *B*. 166 Sire, & depuis] Seigneur, depuis *C D*. 171 ſoyez] soyiez *F*. 172 quoy que] quoique *C*, quoique *D E F*. 176 Ha] Ah *E F*. *E und F haben immer* Ah *statt* Ha. 184 Sire, quelqu'vn entre] Seigneur, quelqu'vn d'entre *C D*. 194 en l'Univers] dans l'Univers *C D*. 196 les] me *C*. 209 voy] vois *E F*. 220 vn ſi grand ennuy] un grand ennuy *B*. 221 Sire, il faut penſer] reſſouvenez-vous *C D*. 222 les] de *C D*. 231—32 Philon] Philon à part *F*. 234 ny] et *E*. 235 encor] encore *C E*. 235—36 Scene IV *D*, Sophonisbe,

Phenice *D E F.* 236 Ha] Ah *E F.* 240 point] pas *E F.* 254 *fehlt B C*, Dans le bord] Au replis *D*, Dans les bords *E*; nous l'auions] il l'avoit *D.* 257 Efilque] Eunuque *C D E.* 263 luy va] me va *C D.* 270 donnaſt] donna *C D.* 285 toute] tout *C D.* 291 treuuoit] trouvoit *C D E F*, *ebenso später immer.* 294 Nourrice] Phenice *D E.* 306 la] le *B C.* 327—28 *beginnt D eine neue Scene mit der Überschrift:* Sophonisbe, Phenice, Corisbé. 333 la muraille] les murailles *E.* 344 plain] plein *C D E F.* 352 ſoumet] ſouvent *C D.* 352—53 *beginnt D Scene II.* 366 d'vne] de la *E.* 374 au pied] aux pied *B*, aux pieds *C D E.* 375 Et qui] qui *D*, bouclier & rempart] bouclier et remparts *D.* 384 de] du *C D E.* 391 ſujets] soldats *E.* 392 mortel] cruel *E.* 395 au] du *B C D.* 416 *fehlt B*, ſans couleur, qui viennent] qui déjà reviennent *C D.* 418 Ce qu'il] Ce qui *B C.* 419—20 *beginnt D Scene III.* Soph. Cor. Phen. 424 ne ſçaurions] n'oſerions *E F.* 429 voyions] voyons *B C D.* 437 pũ] plus *C.* 457 encor] encore *C E.* 468 imagine] ſ'imagine *B C D.* 472 Vrayment] Vrayement *B C.* 483—84 *Scene IV D.* Caliodore, Sophonisbe, Phenice, Corisbe *C D.* 484 le Roy!] le Roy! (Il parle bas) *E F.* 488 Si feray, ſi je puis] Si feray *B*, J'y feray mon pouvoir *C D.* 501 noſtre] voſtre *B C.* 525 ſoulant] ſaoulant *C*, de] du *B C D E.* 554—55 Sophonisbe] *fehlt B C.* 555 de] du *B C D.* 557—73 *noch zu Scene II in C.* 557—59 *noch zu Scene IV in D.* 560 *beginnt Scene V.* Sophonisbe, Corisbé, Phenice *D.* 563 voſtre] vous *C.* 564 Hé] Eh *E F.* 571 Il ſaut bien nous] Il nous faut bien *B C D.* 574 *beginnt Scene VI D. Scene III C.* 580 par] à *B C D E*, apreſtant] appelant *B C D E.* 608 ſur] pour *B.* 610 Je] Hélas, je *D*, rien du tout] rien *C D.* 612 de la] de ma *E.* 616—17 *Überschrift:* Massinisse, Philip *B.*, Mass. Philipes et des soldats Romains *C*, Mass. Philippe, Soldats Romains *D.* 623 doy] dois *B C D E F.* 627 reſtably] eſtably *B C D.* 636 plus outre] encor *D.* 642 eſtranges] eſtrangeres *B.* 651 les] ces *B C D.* 656 Allez . . . l'emportez] aller . . . l'emporter *B C D.* 660 coups] coup *B C D.* 663 Or] Et *C D.*

669 beautez] beauté *E F.* 672 brillans] brillant *E F.* 677 ce[s] peu] ce peu *A*, ces peu *B C D E F.* 678 tout] tous *B.* 682 infaillible] infenfible *B C*, fenfible *D.* 685 que ie] qu'on me *E F.* 693 Donnez-vous *u. s. w.*] Ayez plus de courage et moins d'impatience *C D.* 697 la Reyne] Madame *B C D.* 705 Et n'ayant plus] Ainsi n'ayant *B C D.* 706 toucheroient 2 mal] toucheront *E.* 716 veut] veux *C D.* 719 Pour moy je ne voy] Et je ne doute *D.* 722 Sur toutes les] Des plus belles *C*, Des plus grandes *D.* 730 beaux] grands *C D.* 742 grand bruit] bruit *D.* 753—54 Vœv de Sophonifbe à l'amour] Sophonisbe *C D.* 757 tes] tels *C D.* 758 fay] fais *D E F.* 759—60 *Überschrift:* Mass. Soph. Phen. Corisbé. Soldats. Massinisse parlant à fes foldats *D.* 761 point] pas *C D*, fuivant] fuivant. Les foldats fortent *C D.* 763—64 Harangue de Mafsiniffe] A Sophonifbe *C D.* 768 Mais] Tous *C D.* 769 perds] perd *E.* 775 le] me *E.* 776 diminûroit] diminueroit *B C D F.* 781 agravent] accablent *C D.* 785—86 Refponse de Soph.] Sophonifbe *C D.* 799 les] des *C D.* 801 le Sceptre] les Sceptres *C D.* 808 heur] heure *B.* 814 voy] vois *E F.* 825—26 Phenice] Phenice à Corisbé *D*, Phenice bas *E F.* 831 point] pas *E F.* 840 et] ni *E.* 844—45 Phenice] Phenice à part *D E F.* 845 connoy] connois *C D E F.* 853 N'aguere] n'agueres *C D*, n'a guere *E.* 859 facre fainte] sacré-sainte *C D E F.* 861 les Sceptres] le Sceptre *E F.* 864 par] en *C D.* 898 en] dans *C*, dans] à *C.* 901 m'eft] eft *C D.* 903—4 Corisbé] Corisbé à part *D E F.* 916 *fehlt B C D.* 917 Rendez-moy *u. s. w.*] Rendez, rendez le calme à mon ame agitée *C D.* 928 entendre] comprendre *C.* 943 creance] croyance *B C D.* 948 beautez] beauté *E F.* 951 lict] rang *C D.* 960 *fehlt C D.* 961 que je prenne à mon aife] qu'un moment je vous quitte | Que d'un foin neceffaire à l'inftant je m'acquitte. | Donnez-moi le loifir d'aller voir mes foldats | *C D.* 962—66 *fehlen C D.* 964 tranfports] tranfport *E.* 965 quel rauiffement] quels ravissements *E F.* 969 de] à *C D;* à] de *C D.* 969—70 Il s'en va] *fehlt D, welches hier eine neue Scene beginnt:*

Sophonisbe. Phenice. Corisbé. 973 que ie] si je *E F.* 981 Vos] Nos *B C D.* 990 avecque] avec *B.* 993 vos] nos *C D.* 1014 m'ayt] m'eſt *C D.* 1019 pour] par *C D.* 1027 baiſer] plaiſir *C D.* 1130 ſa] la *C D.* 1043 ſerueur] fureur *E.* 1048 teſmoin] témoins *C D.* 1051 A propos] Mais Madame *C D.* 1055 vay] vais *C D F.* 1065 auecque] avec *C D.* 1067 ce] mon *C D.* 1068 ſouvient] ſouviens *C D.* 1073 au bord] aux bords *C D.* 1083 auecque] avec *C D.* 1084 De là] Dès lors *C D.* 1086 fleche de feu] ſecrette ardeur *C D;* l'ame outrepercée] mon ame preſſée *C D.* 1089 me] vous *B.* 1096 a] à *B C D.* 1098 Cieux] Dieux *B C D.* 1101 nous] vous *B C D.* 1103 *beginnt D Scene II:* Massinisse. Ariton. Sophonisbe. Ha] Ah *E F;* Ariſton] Ariton *C D.* 1111 *beginnt D Scene III:* Sophonisbe. Massinisse. 1112 m'eſt] n'est *D,* est *F.* 1123 voy .... ſçay] vois .... sais *F.* 1131 vif] viſue *B.* 1147 ie vous] je *B C D.* 1156 connoy] connois *C D E F.* 1161—62 *Scene IV:* Scipion. Lelie. *D.* 1163 deuez] deviez *E.* 1164 vous] lui *F.* 1181 estendre *B C D E F]* eſteindre *A.* 1190 nous-meſme] vous-même *C D.* 1191—92 Scene V *D.* 1192 Et] Eh *E F.* 1195 vne Hymenée] un Hymenée *E F.* 1217 miſtere] ministere *B.* 1224 voy] vois *F.* 1227 qu'il] qui *C D.* 1246 avec] de *B C D.* 1249 n'avez pas] ne l'avez *E.* 1263 d'une] une *C.* 1270 cet Hymenée] cette H. *C D.* 1271 &] Eh *D.* 1276 congé] conseil *E F;* l'avez] l'aviez *B C D.* 1282 ô grands] grands *B.* 1297 ravir pas] pas ravir *C D.* 1300 honneur] honneurs *C D;* biens] bien *E.* 1302 ſçay] sais *F.* 1306 encor] encore *B C.* 1310 plains] plaint *F.* 1313 plains] plaint *D F.* 1329 ſouuient] souviens *C D.* 1332 Telles] Telle *D.* 1340—41 Scene VI. Scipion. Lelie. Massinisse *D.* 1341 Et] Eh *E F.* 1343 Adieu] Cependant *D.* 1346—47 Il rentre] *fehlt D.* Scipion sort *E F.* Scene VII. Lelie. Massinisse *D.* 1351 voy] vois *E F.* 1354—55 Maſsiniſſe] Massinisse à part *D.* 1378 oſté] ôtez *D F.* 1393 doy] dois *E.* 1394 ſçay] sais *E F.* 1396 Non, non] Non, mon *C D.* 1403—04 *Scene VII (VIII).* Lelie seul *D.* 1405 Pauvre] (A part) Pauvre *E F.*

1409 tous] tout *E.* 1415 le deſtin] les destins *E.* 1434 ferois] ferai *C D.* 1446 vn peuple] le pouvoir *B C D.* 1457 Et] Eh *D E F.* 1470 – 71 Lelie] Lelie à part *D F.* 1472 En] Et *B C D.* 1478 ſes] ces *B.* 1483 importe] n'importe *C D.* 1496 — 97 Lelie] Lelie à part *D F.* 1499 Sire] (haut) Sire *D* (A Massinisse) Sire *F.* 1506 plaint] plains *C D.* 1529 plaignez] plaigniez *C D.* 1580—81 Meſsager] Lelie, Massinisse, Messager *C*, Lelie, Massinisse, Caliodore *D.* 1582 ſçauez] sçaurez *B C D E F.* 1582—83 Lettre de Soph.] Massinisse lit *D.* 1584 ſait] faits *E.* 1589 vay] vais *D E F.* 1600 Tu te vois etc.] (Au Messager) Tu le vois etc. *E F.* 1603—04 Lelie à part *D F.* 1609 vien] vient *B C D*, viens *E F.* 1638 dy] dit *C D*, dis *E F.* 1652—53 Meſsager (Caliodore *D*), Sophonisbe, Phenice, Corisbé *C D.* 1666 auoüriez] avoueriez *C D.* 1685 de] d'un *D.* 1701 He] *E und F haben immer* Eh. 1709 tous] tout *E.* 1748 cette] cet *C D E F.* 1757 ſi] ce *B C D E F.* 1760—61 Maſsiniſſe] Massinisse à part *D.* 1761—62 Scipion, Massinisse, Caliodore *C;* Scipion, Lelie, Massinisse, Caliodore *D.* 1766 Et] Eh *E F.* 1771 — 72 Scipion à part *D.* 1780 — 81 Scene VIII. Massinisse, Scipion, Lelie *D;* Ici le Meſſager rentre] *fehlt D.* 1788 eſt] n'est *B C D E F.* 1814 n'y] ne *E.* 1816 Hymen] l'Hymen *C D.* 1823—24 Scene IX. Massinisse seul *D.* Plainte de Maſsiniſſe etc.] *fehlt D.* 1836 Doncques] Donc *C.* 1837 Donc] Doncques *E.* 1863 race] rage *C D.*

VII. LE MARC-ANTOINE.

1) **Le | Marc-Antoine | ov la | Cleopatre. | Tragedie | de Mairet. [Vignette: Wappen Frankreichs.] A Paris, | Chez Antoine de Sommaville, au Palais, | dans la petite Salle, à l'Eſcu de France. M.DC.XXXVII. | Avec Privilege dv Roy. | 4 Bll. Titel; Widmung A tres-illvſtre et tres-genereux ſeigneur, Meſſire François d'Auerton, Comte de Belin, Baron de Milly, d'Autrey, d'Orte, &c. Extraict du Priuilege du Roy (Acheué d'imprimer le 14. iour de Iuillet 1637). Actevrs. 92 p. S. 4°. *Berlin; Paris, Nat.-

Bibl. (2 Exx., in einem ist die Widmung verloren gegangen), und Arsenal; Rouen, Stadtbibl.; Besançon, Stadtbibl. In letzterem Ex. fehlen die 4 Bll. Titel u. s. w. Es beginnt mit der ersten Seite des Stücks und hat somit nur »Le Marc-Antoine, ou la Cleopatre. Tragedie.« als Titel. Brit. Mus. Nur ein Druckfehler für 1637 ist in der Bibliotheque du Théatre François, Dresde 1768, 2, 89, bei Mouhy, abrégé de l'histoire du Théatre François 2, Paris 1780, S. 213, und bei Delandine, Bibliographie dramatique (Paris und Lyon o. J.) S. 357 die Angabe des Jahres 1627 für Marc-Antoine. Ebenso wird von Delandine S. 521 die Sophonisbe ins Jahr 1529 gesetzt.

2) ** Le Marc-Antoine | ov la | Cleopatre | Tragedie | De Mairet. [Vignette] Sur l'Imprimé. | A Paris, | Chez Antoine de Sommavile, au | Palais dans la petite Salle, à l'Efcu | de France. | M.DC.XXXIX. | 4 Bll. Widmung wie No. 1; Actevrs; kein Privileg. 96 p. S. 8°. Paris, Nat.-Bibl. und Mazarine. Vgl. Bibl. dram. de Pont de Vesle No. 765. Cat. Techener II (1858) No. 10340. Genauer Abdruck von No. 1.

3) Eine Ausgabe *Sur l'Imprimé. A Paris, Chez Antoine de Sommaville, 1648, 12°* wies mir Picot auf der Stadtbibliothek in Rouen nach. Vgl. Cat. Leber (Catalogue des livres imprimés u. s. w., Paris 1839/52) 1, S. 299 No. 1907; Cat. Soleinne, 1, No. 1056. Die Herren Stadtbibliothekar E. Noel in Rouen und Dr. Gräfenberg in Paris beschreiben mir die beiden Exemplare wie folgt.

Le | Marc-Antoine, | Ov | La Cleopatre | Tragedie. De Mairet. [Vignette] Sur l'Imprimé. | A Paris, | Chez Antoine De Sommaville, au Palais, | dans la petite Salle, à l'Efcu | de France. | M.DC.ILVIII. | 4 Bll. Titel; Widmung genau wie No. 1, nur mit einigen orthographischen Varianten, und die 3 Verse *Licto nido* u. s. w. fehlen; Acteurs. Kein Privileg. 82 p. S. 12°. Dieselbe Ausgabe hat auch die Pariser Nationalbibliothek Y non porté; Réserve. Sehr schöner Druck.

Was bedeutet nun die d e u t l i c h e I vor L? Ist das ein Druckfehler statt X oder ist die Ziffer überhaupt überflüssig? Dann hätten wir also eine Ausgabe von 1658.

Nach dem Catalogue Cigongne (Catalogue des livres manuscrits et imprimés composant la bibliothèque de M. Armand Cigongne, Membre de la Société des bibliophiles précédé d'une notice bibliographique par M. Leroux de Lincy, Secrétaire de la Société des bibliophiles, Paris, Chez L. Potier, Libraire, 1861) S. 278 No. 1545 befindet sich in der Bibliothek des Herzogs von Aumale eine Ausgabe: Le Marc-Antoine, ou la Cléopatre, tragédie de Mairet. Sur l'imprimé à Paris, chez Antoine de Sommaville, 1636, in-12, mar. r., tr. dor. (Trautz-Bauzonnet.). Das wäre also ein Nachdruck einer bei Sommaville erschienenen Ausgabe. Nun ist aber eine solche Ausgabe von 1636 überhaupt nicht bekannt (auf der Pariser Nationalbibliothek ist sie nicht zu finden), und wir haben es hier wohl mit einem Druckfehler zu thun (MDCXXXVI statt MDCXXXVII). Vielleicht ist auch einfach der Cat. Cigongne dahin zu berichtigen, dafs statt 1636 1639 zu lesen ist. (Mitteilung von É. Picot.)

VIII. LE GRAND ET DERNIER SOLYMAN.

1) *Le grand et dernier | Solyman | ov la Mort | de | Mvstapha. | Tragedie. | Par Monsievr Mairet. | Representé [so!] par la troupe Royalle. [Vignette: in Umrahmung eine Palme, daran ein Band mit der Devise *Corvata resvrgo*. Darüber *A. C.*] A Paris, | Chez Avgvstin Covrbé, Libraire & Im- | primeur ordinaire de Monſieur Frere du Roy, | au Palais en la petite ſalle a la Palme. | M.DC.XXXIX | Avec privilege dv Roy. | 8 Bll. Titel; Widmung A treshavte tres vertuevse, et tres inconsolable Princeſſe Marie Felice des Vrsins, Ducheſſe de Montmorency; Aduertiſſement au Lecteur; Extraict dv Privilege dv Roy (Acheué d'imprimer pour la premiere fois le 1. Iuin 1639); les Actevrs. 141 p. S. 4°. Berlin; Wolfenbüttel; Paris, Nat.-Bibl.; Besançon, Stadtbibliothek; Brit. Mus.

Von Ausgaben des Solyman in Sammlungen kenne

ich die beiden Drucke 2) im *Theatre François III (Paris 1705, 8°.) S. 87—186 (welcher sich als Separatausschnitt mit vier andern Stücken in einen Band vereinigt in der Pariser Nationalbibliothek unter Y 5548 c 9 findet), mit modernisierter Orthographie und Interpunktion, und 3) im *Théatre François II (Paris 1737, 8°.) S. 199—337 hinter der Sophonisbe, von No. 2 nur wenig verschieden.

4) Die Ausgabe »Le grand Soliman ou la Mort de Mustapha, Tragedie de Mairet«, welche Delisle de Salles, Recueil des meilleures pièces dramatiques, Lyon 1780/81, Bd. 3 S. 463—590 zum Jahre 1636 bringt, habe ich nicht einsehen können.

Unbekannt ist mir die von Bizos S. 393 aufgeführte Ausgabe des Soliman von 1635 in-4° bei Augustin Courbé in Paris. Sie findet sich sonst nirgends als bei Bizos, dessen Angabe wohl auf einem Irrtum beruht. Die Bibliotheque des Théatres (Paris 1733) S. 287 giebt ebenso falsch als Erscheinungsjahr des Soliman 1636 an.

IX. LE ROLAND FURIEUX.

**Le | Roland | Fvrievx, | Tragicomedie | de Mairet. [Vignette: eine Variante der von Solyman] A Paris, | Chez Avgvſtin Covrbé, Imprimeur | & Libraire de Monſeigneur Frere du Roy, dans | la petite Salle du Palais, à la Palme. | M.DC.XXXX. | Auec Priuilege de ſa Majeſté. | 6 Bll. Titel; Widmung A Monſieur, Monſieur de Belin; Advertiſſement; Priuilege du Roy (Acheué d'imprimer le 20. iour de Feburier 1640); Les Actevrs. 108 p. S. 4°. 2 Exx. in *Berlin, jedes mit einer der beiden Vignetten: Solyman und Variante. *Wolfenbüttel und *München haben dieselbe Vignette wie mein Exemplar. Paris, Nat.- und Arsenal-Bibl.; Besançon, Stadtbibl.; Brit. Mus.

X. ATHENAIS.

1) **L'Athenais, | Tragi-Comedie | de Mairet. [Vignette: der Neid liegt zu Boden, darüber ein Band mit

der Aufschrift: *Pax et Prudentia vincunt.*] A Paris, | Chez Ionas de Breqvigny, au Palais, en la ſalle Dauphine, à l'Enuie. | M.DC.XXXXII. | Auec Privilege du Roy. | 4 Bll. Titel; Widmung A Monſeignevr Monſeignevr l'Illuſtriſſime & Reuerendiſſime Eueſque du Mans, Emeric Marc de La Ferté; Epigramme à Mr de Mairet, ſur ſon Athenais. Le Tombeau d'Athenais, au meſme; Perſonnages. 114 p. S. 1 unp. S. Extrait du Priuilege du Roy. (Acheué d'imprimer pour la premiere fois le 2. May 1642). 4°. * Berlin; Paris, Nat.- (Y 5660 A, Titelblatt fehlt) und Arsenal-Bibl.; Besançon, Stadtbibl.

2) * L'Athenais, | Tragi-Comedie. | De Mairet. [Vignette] Sur l'Imprimé. | A Paris, | Chez Ionas de Breqvigny, au Palais, en la ſalle Dauphine, | à l'Enuie. | M.DC.XLV. | 88 p. S. 12°. Bl. 1 Titel; S. 3—8 Widmung wie No. 1; S. 9 Epigrame à Mr de Mairet, ſur ſon Athenais und Le Tombeau d'Athenais, au meſme, wie No. 1; S. 10 Les Perſonnages. Kein Privileg. Das Stück beginnt S. 11. Straſsburg. Paris, Nat.-Bibl. Y 5660 B. Geringe Abweichungen von No. 1. Vgl. auch Cat. Pompadour, 1765, No. 860, der Braquigny druckt.

3) L'Athenais | Ou | La Fille Sage | Docte Et Vertueuse | Tragi-Comedie. | Spirituelle et Moralle. | A Caen, | Chez J. Jacques Godes, pro- | che le College des R. R. P. P. Jesuites. | cIɔ cI c. c. | in-12°. Einschlieſsl. Titel 68 p. S. Die Dedikation wie die 2 Epigramme an Mairet über die Athenais und das Privileg fehlen. Paris, Ars.-Bibl. B. L. 10 800. So Bibl. dram. de Pont de Vesle No. 772. In der That eine Ausgabe von Mairets Athenaïs, wie Dr. Gräfenberg durch Vergleichung von Anfang und Ende festgestellt hat.

Eine Ausgabe »Mairet. L'Athenaïs, tragicomédie (dédiée à Mgr Emeric Marc de la Ferté, évesque du Mans). Sur l'imprimé. Paris, Jonas de Bréquigny, 1640; pet. in-12, cart.« verzeichnet der Cat. Techener 2, No. 10 341. Diese Ausgabe ist sonst nicht bekannt, auch auf der Pariser Nationalbibliothek nicht zu finden. É. Picot, dem ich die Mitteilung verdanke, vermutet einen Druckfehler statt 1645. Dazu würde das Format stimmen. Wo ist das Ex. des Cat. Techener jetzt?

XI. L'ILLUSTRE CORSAIRE.

1) *L'Illvstre | Corſaire, | Tragicomedie | de Mairet. [Vignette: wie mein Ex. des Roland furieux] A Paris, | Chez Avgvstin Covrbé, Imprimeur | & Libraire de Monſeigneur Frere dv Roy, dans | la petite Salle du Palais, à la Palme. | M.DC.XXXX. | Auec Priuilege de ſa Majeſté. | 6 Bll. Titel; Widmung A Madame la Ducheſſe d'Eſguillon; Advertiſſement; A Madame la Ducheſſe D'Eſguillon. Sonnet; Priuilege du Roy. (Acheué d'imprimer le 20. iour de Feburier 1640.) Les Actevrs. 131 p. S. 4^{0}. *Berlin; *München; Dresden; *Wolfenbüttel. Paris, Nat.-Bibl. Y non porté (Réserve); Ars. B. L. 9740 und 9742 A; Ste Geneviève; Brit. Mus. Vgl. auch Cat. Soleinne No. 1056.

2) **L'Illvstre | Corſaire, | Tragi-Comedie. | De Mairet. [Vignette] Sur l'Imprimé. | A Paris | Chez Avgvstin Covrbé, Imprimeur | & Libraire de Monſeigneur Frere du Rpy, [so!] | dans la petite Salle du Palais, à la Palme. | M.DC.XXXXI. 104 p. S. 12. S. 1—10 wie No. 1; nur fehlt das Privilege; S. 11—104 das Stück. Genauer Abdruck von No. 1. Diese Ausgabe ist sonst, wie es scheint, ganz wenig bekannt. Sie wird nur verzeichnet Cat. Pompadour, 1765, No. 860. Bizos S. 393 erwähnt eine Ausgabe von 1642 bei Ionas de Bréquigny und Augustin Courbé in Paris, welche ich nicht kenne und die auch Dr. Grünberg in Paris nicht hat finden können. Wohl Druckfehler bei Bizos statt 1641.

Gewiſs eine der zahlreichen Ungenauigkeiten der alten Theaterlexika haben wir auch bei Mouhy, abrégé de l'histoire du Théâtre François, 1, 250, worin es von dem Corsaire heiſst: Tragi-Comédie . . . représentée en 1637, imprimée dans la même année, in-4^{0}. Im 2. Band dieses Werkes giebt Mouhy S. 214 1640 als Jahr des Erscheinens der Ausgabe an.

XII. LA SIDONIE.

** La | Sidonie, | Tragi-Comedie | Heroïqve | de Mairet. | Dediee | a Madame de Havtefort. [Vignette: Wappenschild von Frankreich und Navarra]. A Paris | Chez | Antoine de Sommaville, à l'Ecu de France, | dans la Salle des Merciers. | Et | Avgvstin Covrbé, Libr. & Impr. de Monſ. le Duc | d'Orleans, à la Palme, en la meſme Salle. | au Palais. | Avec Privilege dv Roy. | s. a. Die Jahreszahl fehlt auf allen Exemplaren, 1643 ist in meinem Ex. handschriftlich ergänzt. 10 Bll. Titel; Widmung A Tres-belle, Tres-Vertueuſe, & tres-Illuſtre Perſonne, Mademoiſelle Marie de Havtefort, Dame d'atovr de la Reyne Regente. 3 Sonette: 1) A Madame De Havtefort, Et A Mademoiſelle D'Eſcars Soevrs, Sur le ſujet de leur retour aupres de la Reyne Regente. 2) A Madame De Havtefort ſvr le meſme Sviet. 3) A La Meſme ſvr Le Poeme D'Athenais, A elle enuoyé par L'Autheur; Au Lectevr; Les Perſonnages. 112 p. S. 1 Bl. Extrait du Privilege du Roy. (Acheué d'imprimer la premiere fois le 30. Septembre 1643.) 4°. So auch Cat. Soleinne No. 1056 und Bibl. dram. de Pont de Vesle No. 770, beidemal die Jahreszahl in (). Paris, Nat.- und Arsenal-Bibl.; Besançon, Stadtbibl.; Brit. Mus.

Einige weitere Gedichte und 2 Briefe druckt Bizos S. 394 ff. ab. Mairets übrige Schriften verzeichnet derselbe S. 393 f. Einige Briefe Mairets teilt Tivier in seinem schon erwähnten Artikel, Négociations de Jean de Mairet, Revue historique 1884, Bd. 25, S. 43 ff., mit. Einen weiteren Brief Mairets, handschriftlich, verzeichnet der Cat. Soleinne, 3. Bd., Appendice, Paris 1843, S. 40, No. 179.

Mehrere Stücke hat man Mairet fälschlich zugeschrieben.

So heiſst es in der Petite Bibliotheque des Théatres I, S. 14 des Catalogue des Pieces de Mairet: »On lui attribue encore les Pieces suivantes. La Mort d'Hercule, Tragédie manuscrite. Les Visionnaires, Comédie manuscrite. Le Courtisan solitaire, Comédie manuscrite. Piece qui n'est pas sans mérite. Cette derniere piece se trouve citée dans le Dictionnaire des Grands Hommes, imprimé à Caën, article Mairet.«

Ich kenne nur eine verfasserlose Herkulestragödie: La Mort d'Hercule, Tragédie, dédiée à M. le Comte de Horn. Arras, Jean Lohen, 1683, in-8°. Bibl. du Théatre François, Dresde 1768, 3, 98. Man kann ohne weiteres von diesem Stück absehen.

Ferner schrieb man also Mairet zu: Desmarets' Visionnaires. Gedruckt mit der Sophonisbe zusammen im Theatre François (1705) II, besonders paginiert S. 1—101, 1 Seite Approbation und 1 Bl. Titel und Personenverzeichnis. Die Bezeichnung, daſs das Stück von Mairet sei, findet sich nur im Inhaltsverzeichnis des Bandes. Der Titel des Stücks hat bloſs: »Les Visionnaires | Comedie.« Im Théatre François von 1735, Bd. IV, Avertissement, S. 11 wird das Stück richtig Desmarets zugeschrieben, und Bd. VII, wo es abgedruckt ist, trägt es auch auf dem Titel die Bezeichnung »Par Mr Desmarest.«

Die Cat. Soleinne 1, 246, No. 1129 aufgeführte Sammlung »Théatre françois des sieurs Scudery, Tristan, Desmarets et autres (Mairet, Beys et les Cinq auteurs). Paris, Augustin Courbé, 1648, p. in-12, v. f.« schreibt die Visionnaires ebenfalls Mairet zu, denn unter den acht aufgezählten Stücken ist keines, das man mit Mairets Namen je in Verbindung gebracht hat, auſser die Visionnaires. An ein anderes Stück gleichen Titels, von Mairet (vgl. Bibliotheque des Théatres, Paris 1733, S. 316), ist nicht zu denken. Es giebt auch kein zweites Stück dieses Titels. Der einzige ähnliche Titel ist: »Le sage Visionnaire, Tragi-Comédie, par J. B. D. G., donnée en 1647, imprimée dans la même année, in-4°: très-foible, . . . réimprimée en 1659« (so Mouhy, abrégé de l'histoire du Théatre François, Paris 1780, 1, 493). Aber dieses Stück kann nicht in Betracht kommen. Vielleicht ist die Erklärung, weshalb man Mairet das Stück zuschrieb, in der Ähnlichkeit der Namen (Jean de Mairet — Jean Desmarets) und in folgender Bemerkung der Bibl. des

Théatres S. 316, daraus abgeschrieben von De Léris, dictionnaire portatif historique et littéraire des Théatres, Paris 1763, S. 452, zu suchen: »Quoiqu'il [Desmarets] y introduise un Auteur qui s'oppose à l'établissement de la gênante regle des vingt-quatre heures, elle y est cependant observée, & c'est la seconde piece où elle l'ait été.«

Was nun »Le Courtisan solitaire, Comédie manuscrite« betrifft, so ist das ein Mifsverständnis des Verfassers des Catalogue des Pieces de Mairet. Im Nouveau dictionnaire historique ou histoire abregée de tous les hommes qui se sont fait un nom par le Génie, les Talens, les Vertus, les Erreurs, &c. depuis le commencement du Monde jusqu'à nos jours u. s. w. Par une Société de Gens-de-Lettres [4], Caen 1779, 4, 308, finden sich Mairets Werke wie folgt verzeichnet. I. Douze *Tragédies* .... II. Le *Courtiſan ſolitaire*, piéce qui n'eſt pas ſans mérite. III. Des *Poëſies diverſes*, affez médiocres. IV. Quelques Ecrits contre *Corneille* u. s. w. Die Verfasser des Nouv. Dict. hist. meinten Mairets von jeher besonders gelobtes, von Bizos a. a. O. S. 384 als des Dichters bestes Werk nach der Sophonisbe bezeichnetes, längeres Gedicht *Le Solitaire au Courtiſan* in den Autres œuvres poetiques (hinter der Silvie, No. 2, S. 27—33), welches sich bei Goujet, Bibl. Franç. 18, 196 ff. unter dem ungenauen Titel *le Solitaire Courtiſan* besprochen und teilweise abgedruckt findet.

Der Katalog der Stuttgarter öffentlichen Bibliothek schreibt Mairet ferner zu das von unbekanntem Verfasser herrührende Stück La Mort de Solon, Tragédie. A Paris, Au Bureau de la Petite Bibliotheque des Théatres, rue des Moulins, butte S. Roch, n° 11. M.DCC.LXXXIV. (IV, 84 S.) in der Petite Bibl. des Théatres, Jahrgang 1784, erschienen. Weshalb der sehr zuverlässige Verfasser dieses Teils des Stuttgarter Katalogs s. Z. dieses Stück Mairet zuschrieb kann auch auf der Stuttgarter Bibliothek nicht mehr festgestellt werden. Die Herausgeber der Sammlung sagen in der dem Stück vorangestellten Note recht geheimnisvoll Folgendes: »Nous ignorons quel est l'Auteur de cette Tragédie, et dans quel tems elle a été faite. On la peut croire du dix-septième siècle; mais on ne voit rien, dans aucun des Auteurs qui ont écrit sur l'Art Dramatique, qui ait le moindre rapport à cette Tragédie, ni qui en indique seulement le titre. Elle nous a été envoyée, manuscrite, par un Anonyme.«

Die Anecdotes dramatiques, Paris, 1775, 3, 318 schreiben: »On lui attribue encore la Sidonie, & les Visionnaires.« Die Sidonie wird sonst von niemand als unecht erklärt.

Göttingen.

Karl Vollmöller.

NACHTRAG.

Nachdem diese Einleitung bereits vollständig gesetzt war, erhielt ich auf eine frühere Anfrage vom Königlichen Staatsarchiv Coblenz folgende sehr dankenswerte Auskunft: »Ein Verzeichnis aller, in den hier beruhenden etwa 80 000 Urkunden als Aussteller, Empfänger, Zeugen oder Siegler genannten Familien nicht adeliger Herkunft ist nicht vorhanden, hat und wird auch nicht angelegt werden können, solange noch wichtigere Ordnungsarbeiten vorliegen. Zur Beantwortung Ihrer Frage mufsten daher die dabei mutmafslich in Betracht zu ziehenden Urkundenbestände selbst auf das Vorkommen der gedachten Familie untersucht werden, eine Arbeit, welche um so mehr Zeitaufwand erforderte, als diese Bestände Tausende von Urkunden umfassen.

Das Ergebnis dieser zeitraubenden Untersuchung ist ein wider Erwarten geringes gewesen; es hat sich nur eine Urkunde gefunden, in welcher eine Familie »Meyrait« erscheint, nämlich eine Originalurkunde von 1438, November 11. Thys Meyrait von Rysferscheit [Reifferscheid im Kreise Adenau, Regierungsbezirk Coblenz,] bescheinigt dem Peter van Aedenauwe [von Adenau] den Empfang des im Auftrage des Junkers Gerart van Loyn [von Loen], Herrn zu Guylich [Jülich] und Grafen zu Blankenheim, ihm gezahlten Manngelds im Betrage von 9 Gulden.«

Die deutsche Abstammung des Dichters ist damit auch noch nicht erwiesen.

LA

SOPHONISBE,

TRAGEDIE

DE MAIRET.

DEDIEE

A MONSEIGNEVR

LE GARDE DES SEAVX.

[Titelvignette.]

A PARIS,

Chez PIERRE ROCOLET, au Palais en la gallerie des Prisonniers, aux Armes de la Ville.

M. DC. XXXV.

AVEC PRIVILEGE DV ROY.

A

[Ia] # MONSEIGNEVR

MESSIRE

PIERRE SEGVIER,

GARDE DES SEAVX DE FRANCE.

MONSEIGNEVR.

Eſtant naturellement bien-faiſant, comme vous eſtes, & n'ayant iamais manqué de matiere pour le faire dignement pareſtre, puiſque les plus belles charges du Parlement, que vous auez ſouteniies auec tant de ſuffiſance & de probité, ſont les honorables degrez par où l'on vous a fait monter à la grandeur de celle que vous exercez maintenant; Il eſt impoſsible que vous n'ayez obſerué que les bien-faits ont cela de propre [Ib] de rendre ceux qui les ont receus plus hardis ou plus importuns à s'en procurer de nouueaux, & qu'vne premiere faueur eſt ordinairement la ſemence d'vne ſeconde. Pour moy, MONSEIGNEVR, c'eſt en ſuite de la permiſsion que vous m'auez donnée ſous vôtre Seau de mettre ma Sophoniſbe au iour, que i'oſe vous demander encore, & que vous m'accorderez s'il vous plaiſt, celle de vous la dedier; puis qu'il eſt vray que ie ne ſçaurois mieux la mettre en lumiere, qu'en luy communiquant quelque rayon de la voſtre, que tout le monde regarde, comme vne des plus pures & des plus eſclatantes de noſtre temps. Les teſmoignages que vous auez rendus deuant quelques-vns de mes amis, que cette piece vous auoit aſſez contenté ſur le Theatre, me font eſperer qu'elle ne vous déplaira pas dans le cabinet: ſi ce n'eſt point pecher contre le bien public, que de luy deſrober vne heure de voſtre loiſir, pour ma ſatisfaction particuliere. Cependant, MONSEIGNEVR, quelque bon-heur, ou quelque applaudiſſement qu'ayt eu cette Tragedie, qui ſe peut vanter d'auoir tiré des ſouſpirs des plus grands cœurs, & des larmes des plus beaux yeux de France; ie ne laiſſe pas de vous demander grace pour elle & pour moy; ne doutant pas qu'auec les clartés d'eſprit & de iugement que vous [IIa] auez, vous n'y remarquiez des defauts qui n'ont pas eſté deſcouuerts iuſques icy. C'eſt pourquoy ne treuuez pas mauuais que i'eſſaye en cecy de vous corrompre, afin de vous auoir pluſtoſt en qualité de fauorable Protecteur, que de Juge equitable. I'aurois trop à craindre pour moy, ſi vous me vouliez faire iuſtice, & me iuger ſelon mes œuures qui n'ont rien de rare ou de bon, que de porter en teſte vn caractere que la meſdiſance ny les années ne pourront iamais effacer; Ie veux dire ce tres-illuſtre nom de SEGVIER, que vous portez, & qui fut autre-fois de ſi bonne odeur en la perſonne de ce grand Preſident voſtre oncle, de glorieufe memoire, de qui l'amour pour les bonnes lettres, l'integrité de vie pour foy-mefme, & la iuftice pour tout le monde, reuiuent en vous, comme en fon digne & veritable fucceffeur. Ie fuis,

MONSEIGNEVR

Voftre tres-humble, & tres-obeyffant
feruiteur, MAIRET.

[IIb] AV LECTEVR.

LE ſujet de ceſte Tragedie eſt dans Tite-Liue, Polybe, & plus au long dans Apian Alexandrin. Il eſt vray que i'y ay voulu adiouſter pour l'embelliſſement de la piece, & que i'ay meſme changé deux incidents de l'Hiſtoire aſſez conſiderables, qui ſont la mort de Siphax, que i'ay fait mourir à la bataille, afin que le peuple ne treuuât point eſtrange que Sophoniſbe eût deux maris viuants: & celle de Maſſiniſſe, qui veſcut iuſques à l'extréme vieilleſſe. Les moins habiles doiuent croire que ie n'ay pas alteré l'hiſtoire ſans ſujet, & les plus delicats verront, s'il leur plaiſt en prendre la peine, la deffence de mon procedé dans Ariſtote. *Sanè conſtat ex his non Poëtæ eſſe ipſa facta propria narrare, ſed quẽadmodũ geri quiuerint, vel veriſsimile, vel omnino neceſſarium fuerit, &c.* Et pour les modernes, qu'ils ayent la curioſité de me voir iuſtifier dans les deux diſcours que le Comte Proſper Bonarelli adreſſe à vn de ſes amis nommé Antoine Brun, pour ſon Solyman, que i'eſpere habiller vn de ces iours à la Françoiſe: c'eſt en la derniere impreſſion de l'année M. DC. XXXII. Tant y a que ie fais faire à Maſſiniſſe ce qu'il deuoit auoir fait, & que la fin de la Tragedie eſtant la commiſeration, ie ne la pouuois pas mieux treuuer qu'en le faiſant mourir. Si ie mets iamais ma Cleopatre au iour, ie m'eſtẽdray dauantage ſur cette matiere: cependant l'experience a montré sur le Theatre, que ie n'ay point mal fait de m'eſloigner vn peu de l'hiſtoire.

[IIIa] EXTRAICT DV PRIVILEGE.

LE ROY par ſes Lettres de Priuilege, dattées du cinquieſme Feurier, mil ſix cents trente-cinq, ſignées par le Roy en ſon Conſeil, LE COMTE, & ſeellées du grand ſeau de cire jaune, a permis au Sieur Mairet de faire imprimer, faire vendre & diſtribuer par tel Libraire ou autre que bon luy ſemblera, trois Liures de Theatre, intitulez, *La Sophoniſbe*, *La Virginie: &*, *Le Duc d'Oſſonne.* Faiſant defences à tous Libraires, Imprimeurs, & autres de quelque qualité qu'ils ſoient, d'imprimer leſdits Liures, en vendre ny diſtribuer par tout le Royaume, pays & terres de ſon obeyſſance, ſans le conſentement dudit ſieur Mairet, ou ceux qui auront charge de luy, pendant le temps de neuf ans, à compter du iour qu'ils ſeront acheuez d'imprimer, ſur peine aux contreuenans de confiſcation des exemplaires, & de trois cents liures d'amende; A condition qu'il ſera mis deux exemplaires de chacun deſdits Liures en la Bibliotheque du Roy: & vn exemplaire de chacun en celle du Sr. Seguier Garde des Seaux, auant que de les expoſer en vente, à peine de nullité du priuilege, comme il eſt amplement porté par l'original des preſentes.

ET ledit MAIRET *a cedé & tranſporté le priuilege à luy donné à* PIERRE ROCOLET, *Marchand Libraire à Paris, pour en ioüyr entierement, & pour le temps y porté, ſuiuant le Contract paſſé entre-eux pardeuant les Notaires de Paris.*

Acheué d'imprimer le Mardy 22. May 1635.

Les deux exemplaires ont eſté baillez en la bibliotheque du Roy.

[III[b]] LES PERSONNAGES QVI PARLENT.

SIPHAX	Roy de Numidie.
PHILON	General de Syphax.
MASSINISSE	Ennemy de Siphax.
SCIPION	Conſul Romain.
LELIE	Lieutenant de Scipion.
CALIODORE	Domeſtique de Sophoniſbe.
ARISTON	Soldat Romain.
SOPHONISBE	Femme de Siphax, & amoureuſe de Maſſiniſſe.
PHENICE, & CORISBÉ	Ses confidentes.

La Scene eſt dans Cyrte, ville de Numidie.

[1] LA

SOPHONISBE

TRAGEDIE DE MAIRET.

ACTE I.

SCENE I.

SYPHAX. SOPHONISBE.

Syphax.

QVOY perfide? s'entendre auec mes ennemis;
Eſt-ce là cét amour que tu m'auois promis?
Est-ce là cette foy que tu m'auois donnée,
Et le ſacré respect qu'on doit à l'Hymenée?
[2] Ingrate Sophoniſbe, as-tu ſi-toſt perdu
La memoire du ſoin que Syphax t'a rendu?
Quelque inégalité qui ſoit entre nos âges,
Parmy mille ſubjets de ſoupçons & d'ombrages,
Qu'vn mary plus credule eut pris à tout propos,
Ay-je rien entrepris qui troublaſt ton repos?
As-tu pas touſiours eu, comme Reyne abſoluë,
Toute la liberté que toy-meſme as vouluë?
Cependant ton caprice ennemy de mon bien,
Trahit ingratement mon honneur & le tien.

Tu ſçais que pour complaire à ceſte vieille hayne,
Que ta race eut touſiours pour la race Romaine,
I'ay quitté l'amitié de ce Peuple puiſſant,
Par où ie conſeruois mon Eſtat floriſſant.
Sans tes mauuais conſeils, à qui i'ay voulu plaire,
Et de qui ma ruïne eſt le iuſte ſalaire,
On ne me verroit pas deſtruit comme ie ſuis,
Ny l'esprit aueuglé d'vn nuage d'ennuis,
I'aurois deſſus le front ma couronne affermie,
Car i'aurois Rome encore & la Fortune amie.
Mais quoy? m'ayãt perdu de gloire & de bon-heur,
Il te reſtoit encore à me perdre d'honneur.
Il te reſtoit encor pour comble de malice,
A te lier d'amour auecque Maſsiniſſe.
[3] Ie veux que ie te peſe, & que mes cheueux gris
Soient à tes ieunes ans vn ſubiect de meſpris;
Hay moy ſi tu le veux, abhorre ma perſonne:
Mais que t'ont fait les miens, que t'a fait ma Courõne,
Pour faire vn ennemy l'obiect de tes deſirs?
Ne pouuois-tu treuer où prendre tes plaiſirs,
Qu'en cherchant l'amitié de ce Prince Numide,
Qui te rend tout enſemble impudique & perfide;
Veu que tu ne ſçaurois l'aymer ſans me hayr,
Ny t'entendre auec luy ſans me vouloir trahir?
Je n'ay pour mon malheur que trop de connoiſſance
Du ſujet dont ta flame a tiré ſa naiſſance:
Tu l'as touſiours aymé, depuis le iour fatal,
Qu'il te fut accordé par ton Pere Aſdrubal,
Et que de tes regards l'atteinte empoiſonnée
Me fit prendre pour moy ce funeſte Hymenée.
Heureux dans ce mal-heur, ſi le meſme flambeau,
Qui nous mit dans le lit, nous eut mis au tombeau.

Sophoniſbe.

Ha! Sire, pleust aux Dieux m'euſsiez vous eſcoutée.

Siphax.

Que me pourrois-tu dire impudente, effrontée?

[4] **Sophoniſbe.**

Ce qui m'exempteroit de ces noms odieux;

Syphax.

Oüy, ſi i'eſtois perclus de l'esprit & des yeux;
Oüy, ſi je ne ſçauois qu'elle eſt ton eſcriture,
Conuainc-moy toutes fois d'erreur & d'impoſture:
Je ſeray ſatisfait quand tu te purgeras;
Fais-le donc ſi tu peux, & tu m'obligeras.

Il luy monſtre ſa lettre.

Deſaduoüras-tu point ces honteux caractères,
Complices & teſmoins de tes feux adulteres?

Sophoniſbe.

Non, Sire, ils ſont de moy, ie ne le puis nier,
Et n'ay pas entrepris de me iuſtifier
Par vn traict effronté de viſible imp(r)udence:
Il eſt vray, i'ay failly, mais c'eſt par imprudence:
C'eſt manque de conduite, & pour vous auoir teu
Vn genereux deſſein que mon cœur auoit eu,
Dont ma bouche en effect vous deuoit rēdre conte.

Syphax.

O Dieux! as-tu perdu le ſens auec la honte?
[5] Ta faute, ce dis-tu, vient de m'auoir caché
Le genereux deſſein de commettre vn peché;
O reſponſe indiſcrette autant comme inſenſée!
Explique, explique mieux ta confuſe penſée,
Excuſe ton offenſe au lieu de l'agrauer,
Et ne te ſoüille pas au lieu de te lauer.
Songe à ce que tu dis, & que iamais oreille
N'oüit extrauagance à la tienne pareille:
Remets donc ton eſprit de ſa cheute eſtourdy;

Sophoniſbe.

Vous prenez mal le ſens des choſes que ie dy,
Ie veux dire, Seigneur, afin que ie m'explique,
Que iamais le flambeau d'vn amour impudique,
Quoy que vous en croyez, ne m'eſchauffa le ſein:
Et que i'auois eſcrit pour vn autre deſſein:

C'eſt par où ie pretends prouuer mon innocence,
Si vostre Majesté m'en donne la licence.

Syphax.

Parlez, parlez, Madame, & ſi vous le pouuez,
Mettez vôtre innocẽce au poinct que vous deuez.
C'est le plus grand plaiſir que vous me ſçauriez faire;
Mais qu'avecque raiſon i'ay crainte du contraire.

[6] **Sophoniſbe.**

Sire, vous voyez trop à quelle extremité
Les armes des Romains vous ont precipité;
Voſtre Enpire perdu, voſtre Ville aſsiegée,
Et l'armee ennemie à nos portes logée,
De nos meilleurs ſoldats les courages faillis,
Nos dehors emportez, nos remparts aſſaillis,
Et qu'il n'eſt quaſi plus en la puiſſance humaine,
De repouſſer de nous l'inſolence Romaine.
Moy, qui Cartaginoiſe, & vray ſang d'Aſdrubal,
N'ay iamais reconnu ny creint vn pire mal,
Que celuy dont le ſort affligeroit ma vie,
Si ce peuple odieux la tenoit aſſeruie;
I'ay creu qu'il ſeroit bon de m'acquerir de loin
Vn bras qui conſeruaſt ma franchiſe au beſoin:
C'est pourquoy i'eſcriuois au Prince Maſsiniſſe,
Sous vne feinte amour couurant mon artifice;
Et pour vous mieux prouuer la choſe comme elle eſt,
Que vostre Majesté regarde s'il luy plaiſt,
Que meſpriſant la fleur des Princes d'Italie,
Et le grand Scipion, & le sage Lelie,
I'ay voulu m'aſſeurer de l'aſsiſtance d'vn,
A qui le nom Lybique auec nous ſut commun.
[7] Voilà, Sire, en deux mots la cauſe veritable
De l'erreur qui me rend apparemment coupable:
Mais les Dieux apres tout que ie prens à teſmoins
Sçauent bien, en effect, que ie ne ſuis rien moins.

Syphax.

Croy pluſtoſt que ces Dieux ennemis des parjures,
Vangeront en cecy nos communes injures:

Et qu'vn iour desjà proche ils puniront ſur toy
Le mespris que ton cœur a faict d'eux & de moy.
Ie te tiens ſi tu veux innocente & pudique:
Mais tu te ſouuiendras qu'vn Eſprit prophetique
T'annonce par ma voix, qu'vn ſuccez mal-heureux
Doit ſuiure de bien pres tes deſſeins amoureux.
C'eſt la ſeule raiſon qui peut faire à ceſte heure,
Que ſans punition ton offenſe demeure,
Aymant mieux que le Ciel m'en faſſe la raiſon,
Que ſi ie la tirois du fer ou du poiſon.

Sophoniſbe.

Quoy donc voſtre ſoupçon rejette mes excuſes?
O Dieux!

Syphax.

deguiſe mieux tes inutiles ruſes,
De qui le faux eſclat ne ſçauroit m'eſbloüir,
Adieu, ie ne veux plus ny te voir, ny t'oüir.
[8] Va t'en, va, que ſur toy ma colere n'eſclate,
Femme ſans foy, ſans cœur, & ſur toutes ingrate,
Elle rentre.
Va reſpandre plus loin tes infidelles pleurs,
Et me laiſſe tout ſeul auecque mes douleurs.
Il demeure ſeul.
O Ciel pouuois-tu mieux me teſmoigner ta hayne,
Qu'en mettãt dãs mõ lict ceſte impudique Heleine,
Ou plutoſt cette peſte, & ce fatal tiſon,
De qui deſia la flame embraze ma maiſon?
Quel Roy ſans cette horreur de la foy coniugale,
Auroit vne fortune à ma fortune eſgale?
Soit maudit à iamais le lieu, l'heure, & le iour,
Que ſon aſpect charmeur me donna de l'amour.
Quand i'aurois en vn iour trois batailles perduës,
Et cent places de marque aux ennemis renduës,
I'euſſe encor moins perdu, qu'alors que ſa beauté
Me fit perdre le ſens auec la liberté.
Depuis que cette tache eut obſcurcy ma vie,
La mauuaiſe fortune a ma faute ſuiuie.

Il n'eſt point de mal-heur qui ne m'ait accueilly,
Et bien plus que mon corps mon esprit a vieilly.
Depuis, mon iugement a bien moins de lumiere,
Et ſemble eſtre decheu de ſa force premiere.
[9] Tout ce que i'entreprens, me ſuccede à rebours,
Soit manque de bon-heur, ou manque de diſcours.
O trois & quatre fois mal-heureux Hymenée!
Qui rend de mes vieux ans la courſe infortunée.

ACTE I.

SCENE II.

Philon, General de Syphax.

SIRE, l'on n'attend plus que voſtre Majesté,
Pour charger Maſsiniſſe au cõbat appreſté.
Deſia ſes Legions de trop d'heur inſolentes,
Ont tiré loin du camp leurs enſeignes volantes;
Et vos gens hors la ville en bataille rangez,
Jurent de n'y rentrer que vainqueurs & vangez.
Tandis que leurs esprits la vengeance reſpirent,
Il les faudroit mener au combat qu'ils deſirent,
De peur qu'à differer ils ne perdent ſans fruit
Ceſte boüillante ardeur que la victoire ſuit.

[10] **Syphax.**

Allons, & plaiſe aux Dieux qu'vn treſpas honorable
Me deliure bien-toſt d'vn ſort ſi deplorable.

Philon.

Quoy, Sire, & depuis quand voſtre cœur abbatu,
Laiſſe-t'il au mal-heur accabler ſa vertu?
D'où vient qu'en vos diſcours, & ſur voſtre viſage,
On remarque les traicts d'vn ſiniſtre preſage?
Vous n'eſtes pas encor ſi mal-traicté du ſort,
Que vous ſoyez reduit à deſirer la mort:

Et quoy que iufqu'icy la Fortune contraire,
Nous ait faict tout du pis qu'elle nous pouuoit faire,
Si faut-il esperer que fa legereté
La fera reuenir à voftre Majefté.

Syphax.

Ha! Philon, fouuiens-toy que la Fortune eft fâme,
Et que de quelque ardeur que Syphax la reclame,
Elle eft pour Mafsiniffe, & qu'elle aymera mieux
Suiure vn ieune Empereur, qu'vn autre defia vieux:
Mais que ce n'est pas là le fubiect de ma creinte,
Ny de l'extreme deuïl dont mon ame eft atteinte!
[11] Ma vie eft bien foumife à de pires dangers,
Et tous mes ennemis ne font pas eftrangers.

Philon.

Comment, Sire, quelqu'vn entre vos domeftiques,
A-t'il fait contre vous d'infidelles pratiques?

Syphax.

Ouy, ie fuis odieux à ceux de ma maifon,
Qui me deuroient cherir auec plus de raifon.

Philon.

Il faut donc dans leur fang auecque promptitude,
Noyer leur perfidie, & leur ingratitude;
Le fecret de l'affaire eft de les preuenir,
Et voftre feureté confifte à les punir.
Mais qui font ces ingrats, ces courages perfides,
Qui peuuent conceuoir des penfers homicides,
Pour le plus digne Roy qui foit en l'Vniuers,
Et que ne les perd-on, puis qu'ils font defcouuerts?

Syphax.

Pource qu'en les perdant ie me perdrois moy-mefme,
Qui tous traiftres qu'ils font les excufe & les ayme.
[12] C'eft en quoy ma fortune eft digne de pitié,
D'auoir encor pour elle vn reste d'amitié,
Au lieu de la punir de mefpris & de hayne.

Philon.

Pour elle?

Syphax.

Oüy, cher Philon, ie parle de la Reyne,
Et veux bien confier à ton eſprit diſcret,
Vn malheur que ie tiens pour tout autre ſecret.
I'ay des preuues en main qui te feront parétre,
Que ſi ie ſuis troublé, i'ay bien ſubiect de l'estre:
Et que la peur qu'imprime vn ennemy vainqueur,
N'est pas ce qui m'abbat le visage & le cœur;
Voy ce papier honteux, & par ſon eſcriture,
Aprens à meſme temps, & plains mon auanture.
Il lit.

LETTRE DE SOPHONISBE
A MASSINISSE.

VOyez à quel mal-heur mon Deſtin eſt ſoumis;
Le bruit de vos vertus, & de voſtre vaillance,
Me contraint aujourd'huy d'aymer mes ennemis,
D'vn ſentiment plus fort que n'eſt la bien-veillance.
[13] Et bien aurois-tu creu que ſous tant de beauté,
Logeaſt tant de malice et de deſloyauté?

Philon.

Certes les Dieux encor n'ont point fait de courage,
Qui ſoit ineſbranlable aux coups de cét orage;
Et c'eſt auec raiſon que le voſtre auiourd'huy,
Pour vn ſi grãd mal-heur monſtre vn ſi grãd ennuy.
Mais, Sire, il faut penſer que c'eſt aux grãdes ames,
A ſouffrir les grãds maux, & que fẽmes ſont fãmes:
Courons remedier d'vn courage conſtant,
Au danger le plus proche, & le plus important.
Songez qu'en deſtruiſant la puiſſance Romaine,
Vous deſtruiſez auſsi les deſſeins de la Reyne:
Qu'il eſt bon cependant d'obſeruer de plus pres,
Par des yeux vigilans qu'on y peut mettre expres.

Syphax.

Allons, Philon, allons, où le Deſtin m'appelle,
Et que ma mort contente vne Eſpouſe infidelle.
Cependant Maſsiniſſe.

Philon.

O Dieux il a bleſmy.

[14] **Syphax.**

Pour te faire vn preſent digne d'vn ennemy,
Et te ſouhaiter pis que le fer ny la flame,
Ie te ſouhaite encor Sophoniſbe pour fâme.

ACTE I.

SCENE III.

SOPHONISBE & PHENICE.

Sophoniſbe.

HA! Phenice, il eſt vray qu'il a manqué de foy,
Qu'il a remis ma lettre entre les mains du Roy,
Et que ſon imprudence,

Phenice.

aſſeurez-vous, Madame,
Que l'Eunuque en cecy n'eſt point digne de blâme,
[15] Et qu'il ne vous manqua ny de foy, ny d'eſprit,
Ny de conſtance meſme, alors qu'on le ſurprit.
Ne ſoupçonnez donc plus ſa franchiſe eſprouuée,
Et ſçachez comme quoy la choſe eſt arriuée.
Deſ-jà ce malheureux ſans nuls empeſchemens,
Eſtoit preſt à ſortir de nos retranchemens,
Et d'vn camp endormi ſe couler dans vn autre;
Quand ſon propre mal-heur, auſsi bien que le voſtre
Sur la pointe du iour le fit tomber és mains
D'vn eſquadron errant de cheuaux Africains,
Qui comme fugitif entr'eux le deſpoüillerent,
Et ſi ſoigneuſement à l'enuy le foüillerent,

Que l'vn d'eux aperceut le papier attaché
Dans le bord de fa robe, où nous l'auions caché;
Et tous pour profiter d'vne telle auanture,
Le rendirent au Roy, fans en faire ouuerture:
Ainfi le pauure Efilque à fa rage expofé,
Merite d'eftre plaint, & non d'estre accufé,
Voilà comme en effect la chofe s'eft paffée.

Sophonifbe.

Cependant Mafsiniffe ignore ma penfée,
Ce glorieux Vainqueur eft encore à fçauoir
Le mauuais traictement qu'il me fait receuoir.
[16] Combien luy va coufter l'amour que ie luy garde,
Et comme à fon fubiect mon honneur fe hazarde!
Dieux que i'approcherois du comble de mes vœux,
S'il fçauoit feulement le bien que ie luy veux!
J'esprouuerois au moins hors de l'incertitude,
Ou fa reconnoiffance, ou fon ingratitude.
Phenice, penfez-vous que s'il connoiffoit bien,
Qu'il poffede mon cœur, il me donnaft le fien?
Mes yeux à voftre auis ont-ils affez de charmes,
Pour cét esprit nourry dans la fureur des armes?

Phenice.

Que trop, que trop, Madame, & ie ne doute pas,
Que ce ieune Vainqueur ne cede à vos apas;
Puis qu'on a veu Syphax en l'hyuer de fon âge,
Conceuoir tant de feux pour vn fi beau vifage;
Luy de qui les cheueux ont blanchy fous l'armet,
A la fuitte du bien que la gloire promet.
Croyez affeurément que s'il vous auoit veuë,
Auec tous les attraits dont vous eftes pourueuë,
Il feroit fans raifon, s'il ne changeoit vn iour
Les lauriers de la guerre aux myrthes de l'amour.
Si ce n'eft qu'autre part fa franchife afferuie,
De toute autre amitié luy fift perdre l'enuie:
[17] Car à bien difcourir, il n'eft pas apparent,
Qu'il ait pû conferuer vn cœur indifferent,
Parmy tant de beautez dont l'Espagne fe vante.

Sophoniſbe.

O Dieux! que ce ſoupçon me trouble & m'eſpouuãte!
Et que ie ſouffrirois, ſi mon amour trompé
Treuuoit en Maſsiniſſe vn cœur preoccupé!
Certes autant de fois que mon ame inſenſée
A voulu s'arreſter deſſus ceſte penſée,
Nourrice, autant de fois i'ay changé de couleur,
Et mes ſens interdits ont monſtré ma douleur.

Phenice.

Mais, Madame, apres tout, cette amour découuerte,
Cauſe viſiblement voſtre honte & ma perte.
Le Roy teſmoigne aſſez par le bruit qu'il a fait,
Que toutes vos raiſons ne l'ont pas ſatisfait,
Et ie crains qu'au retour du combat qui l'arreſte,
Il ne faſſe eſclatter la derniere tempeſte.

Sophoniſbe.

Rien moins, ie connois trop la puiſſance d'Amour,
Pour craindre que le Roy me faſſe vn mauuais tour;
[18] Celle qu'il a pour moy ne luy ſçauroit permettre,
De me deshonorer ſur vne ſimple lettre:
Il a puny ma faute en me la reprochant,
Et s'il m'euſt voulu perdre, il l'euſt faict ſur le champ,
C'eſt en quoy mon offenſe eſt plus blaſmable encore,
De tromper laſchement vn mary qui m'adore:
Mais vn ſecret Deſtin que ie ne puis forcer,
Contre ma volonté m'oblige à l'offencer:
Moy-meſme mille fois ie me ſuis eſtonnée,
Et de ma paſsion, & de ma deſtinée.
Encore à ce matin ie pleurois en reſvant
Au mal-heur inconu qui me va pourſuiuant;
Faiſant reflexion ſur mon erreur extreſme,
Ie ne pouuois treuuer que ie fuſſe moy-meſme,
Et que dans la rigueur d'vn temps ſi mal-heureux,
Ie peuſſe conceuoir des penſers amoureux.
Helas, il paroiſt bien que l'Amour pour mes crimes,
M'alluma dans le cœur ces feux illegitimes!

Car enfin il arriue, ou ſouuent, ou touſiours,
Que l'aiſe & le repos engendrent les Amours:
Mais qu'ils ayẽt pris naiſſãce au milieu des allarmes,
Et qu'ils ayent allumé leurs flãbeaux dans les larmes
C'eſt bien vn accident auſsi prodigieux,
Que d'vn ſort non commun il eſt preſagieux.

[19] **Coriſbé.**

Madame tout eſt preſt, & pour le ſacrifice,
Et pour le vœu public;

Sophoniſbe.

Allons y donc Phenice,
Et de peur de prier contre mon propre bien,
En adorant les Dieux ne leur demandons rien.

Fin du premier Acte.

[20] LA

SOPHONISBE

TRAGEDIE DE MAIRET.

ACTE II.

SCENE I.

SOPHONISBE, CORISBÉ, & PHENICE.

Phenice.

EN fin toute la ville eſt deſſus la muraille,
D'où, cõme d'vn theatre, elle void la bataille,
Et voſtre Majeſté, ſans aller loin d'icy,
Si c'eſtoit ſon plaiſir, la pourroit voir auſsi.

[21] **Sophoniſbe.**

Non, i'ay trop de frayeur, & ſuis trop deſolée,
Pour voir ceſte mortelle & douteuſe meſlée,
Où Mars & la Fortune acheuent le Deſtin,
Et du peuple Africain, & du peuple Latin.
Mais ſi vous ſouhaitez ce tragique ſpectacle,
Pour le voir ſans danger ainſi que ſans obſtacle,
Rendez-vous au ſommet de la plus haute tour,
D'où l'œil deſcouure à plain tous les chãps d'alentour;

Et que de temps en temps l'vne ou l'autre deſcende,
Pour m'aſſeurer touſiours des maux que i'apprehẽde:
Car quelque grand combat que Syphax ayt rendu,
I'en espere ſi peu, que ie le tiens perdu,
Tant nos communs deſſeins ont vn malheur eſtrange.

Coriſbé.

Madame, en vn moment la fortune ſe change,
Fait rire bien ſouuent ceux qu'elle a fait pleurer,
Et ſoumet ſa malice à qui peut l'endurer.

Sophoniſbe seule.

O ſageſſe! ô raiſon! adorables lumieres,
Rendez à mon eſprit vos clartez couſtumieres,
[22] Et ne permettez pas que mon cœur endormy,
Faſſe des vœux ſecrets pour ſon propre ennemy,
Ny que mes paſsions auiourd'huy me reduiſent
A vouloir le ſalut de ceux qui me deſtruiſent.
Mais ie reclame en vain cette foible raiſon,
Puis que c'eſt vn ſecours qui n'est plus de ſaiſon;
Et qu'il faut obeïr à ce Dieu qui m'ordonne
De ſuiure les conſeils que ſa fureur me donne.
Ie ne puis ignorer qu'à ce meſme moment,
Que ie paſſe ma vie auec tant de tourment,
Ce ieune Conquerant ne ſonge & ne trauaille,
A ioindre ma Couronne au gain d'vne bataille;
Et qu'il ne fut rauy de m'auoir en ſes mains,
Pour ſeruir de trophée aux triomphes Romains.
Cependant tant s'en faut que ie bruſle d'enuie,
De conſeruer ma gloire aux deſpens de ſa vie,
Qu'il eſt tres-aſſeuré que ie mourrois de deuïl,
Si le glaiue des miens l'auoit mis au cercueil.
O! vous hommes vaillants de qui les funerailles
Se font dans la meſlée au pied de nos murailles,
Et qui faiſant bouclier & rempart de vos corps,
Souſtenez du Romain les ſuperbes efforts;
Que vous employez mal ceſte valeur inſigne,
Pour vn ſubiect ingrat, qui n'en fut iamais digne!

[23] A quoy tant de combats, fi grands & fi connus,
Auec tant de valeur donnez & fouftenus;
Si bien loin d'obliger, voftre courage offence
Celle dont voftre zele entreprend la deffence?
Puis que fon intereft en amour conuerty,
Luy fait aymer le Chef de contraire party.
Que vous fert de deffendre auecque tant de peine,
Les portes & les tours qui couurent voftre Reine,
Si defia l'infenfée ayme tant fon vainqueur,
Que d'en porter l'image au milieu de fon cœur?
Que vous fert de deffendre vne place renduë,
En voulant conferuer fa liberté perduë?
Plutoft braues fujets, armez-vous contre moy,
Qui fuis le plus mortel des ennemis du Roy;
Et qui fais de mon cœur le temple et la retraite
De celuy qui pourfuit voftre entiere deffaite.
Reuenez au combat, ou vainqueurs ou vaincus,
M'accabler fous le faix de vos larges efcus,
Moy qui trahis mon nom, ma gloire, & ma patrie,
Pour aymer Mafsiniffe auec idolatrie.
O funefte rencontre! ô mal-heureux moment,
Où le fort me fit voir ce vifage charmant!
Quel orgueil vers le Ciel, ou quelle ingratitude,
Auoit pû m'attirer vn chaftiment fi rude?
[24] Quel crime enuers l'Amour pouuois-ie auoir commis,
Qu'il a iuré ma perte auec mes ennemis?
En fin fi ma deffaicte importoit à fa gloire,
Il pouuoit l'eftablir par vne autre victoire.
Mais qui ne cognoift pas qu'en cefte occafion,
Il la cherchoit bien moins que ma confufion?
Estoit-ce, Sophonifbe, vn crime neceffaire,
D'aymer vn Mafsiniffe, vn mortel aduerfaire,
Vn amy des Romains, & de qui la valeur
Donne les derniers coups à mon dernier mal-heur;
Puis qu'en ce mefme inftant que ie plains & fouspire,
Peut-eftre que Syphax a perdu fon Empire,
Et que dans peu de temps: mais voicy de retour
Mes filles fans couleur, qui viennent de la tour:

Leur crainte me ſaict peur: n'importe, allons entendre.
Ce qu'il faut que ie ſçache, & que ie n'oſe apprendre.
Et bien qu'avez-vous veu?

Coriſbé.

le plus rude combat,
Qui ſe verra iamais.

Sophoniſbe.

O Dieux! le cœur me bat,
[25] Et m'annonce deſia que nous auons du pire.

Phenice.

C'est ce qu'aſſeurement nous ne ſçaurions vous dire,
Car outre que de ſoy la diſtance des lieux
Montroit confuſement les obiects à nos yeux:
C'eſt qu'vn nuage eſpais de poudre & de fumée,
Nous empeſchoit de voir & l'vne & l'autre armée.
Nous voyions ſeulement eſclatter dans les airs,
A trauers la pouſsiere vne ſuitte d'eſclairs,
Qui ſortoient à longs traits de flammes oudoyantes,
De l'acier bien poly de leurs armes luyſantes;
Parmy cela, des cris pouſſez de temps en temps,
Meſlez & confondus aux coups des combatans,
De qui le bruit terrible en frappant nos oreilles,
Nous portoit dans l'esprit des frayeurs nompareilles.

Coriſbé.

Auſsi n'auons-nous pû ma compagne ny moy,
Souſtenir plus long-temps ces matieres d'effroy:
C'eſt la raiſon pourquoy nous ſommes deſcenduës,
Et tremblantes d'horreur, & de crainte eſperduës,

Sophoniſbe.

Et le peuple?

[26] **Coriſbé.**

Le peuple! il eſt ſur les remparts,
Qui pouſſe vers le Ciel ſes cris & ſes regards,
Autant pour teſmoigner ſa foibleſſe ordinaire,
Que pour encourager les noſtres à bien faire:

Et lou en voit beaucoup par des chemins diuers,
Aller faire leurs vœux dans les Temples ouuers:
De maniere que Cirte en toute ſon enceinte,
N'eſt riẽ qu'vn grãd tableau de deſordre & de crainte.
Mais apres tãt de maux, poſsible que les Dieux
Changeront auiourd'huy nos fortunes en mieux.

Sophoniſbe.

Ha! Coriſbé, le Sort a iuré ma ruyne,
Et la puiſſance humaine a chocqué la diuine:
Les Dieux, que mon bon-heur a ſans doute laſſez,
Ne ſont pas ſatisfaits de mes mal-heurs paſſez,
Et ie m'oſe moy-meſme à moy-meſme predire,
Qu'ils me gardent encor quelque choſe de pire.
Les ſonges que ie fais depuis deux ou trois nuits,
Ne me preſagent pas de vulgaires ennuis:
Et ce qui m'en aſſeure avec plus de ſcience,
C'eſt que moy, qui bien loin de leur donner creance,
Les ay touſiours tenus ridicules, trompeurs,
Et produits d'vn amas de groſsieres vapeurs,
[27] Ie ne puis m'empeſcher ſi bien, que ie reſiſte
De croire à ces derniers, qui n'ont rien que de triſte.

Phenice.

Madame, volontiers nos ſeules paſsions,
Sans ſuitte & ſans deſsein font ces impreſsions;
Et noſtre fantaiſie en dormant imagine,
Suiuant les qualitez de l'humeur qui domine.
Si les penſers du iour ſont remplis de ſoucy,
Les ſonges de la nuict ſeront faſcheux auſsi.
Vrayment vous n'auez garde en l'eſtat où vous eſtes,
De ſonger des feſtins, des dances, & des feſtes.
Voſtre eſprit inquiet, triſte, noir, ſoucieux,
Ne vous produira pas des ſonges gracieux.
Ne redoutez donc plus ces monſtres en peinture,
Et ne preſumez pas de voir voſtre auanture
Dans ces miroirs obſcurs, qui dõnent, quoy que faux,
Aux credules esprits de veritables maux.

Mais quelqu'vn ce me ſemble a fait bruit à la porte,
Iray-ie ouurir?

Sophoniſbe.

Allez, c'eſt quelqu'vn qui m'apporte
La nouuelle du bien ou du mal que i'attens.

---

[28]

ACTE II.

SCENE II.

Caliodore, Meſſager.

HA! Phenice, le Roy!

Phenice.

Dieux! qu'eſt-ce que i'entens?
Mais de grace de peur de ſurprendre la Reyne,
Deſguiſe luy d'abord le ſubiect qui t'ameine.

Caliodore.

Si feray, ſi ie puis; mais i'aprehende bien,
Qu'vn eſprit penetrant & clair comme eſt le ſien,
Ne le découure trop.

Sophoniſbe.

Et bien, Caliodore;
Le Deſtin de iadis nous pourſuit-il encore?
Et ce meſme mal-heur tant de fois eſprouué,
A-t'il à nos deſpens le combat acheué?
[29] Parlez; ſi peu d'eſpoir de mon bon-heur me reſte,
Que ie n'attens de vous qu'vn meſſage funeſte.

Caliodore.

Madame, il eſt bien vray que le Ciel en courrous,
Frappe encore auiourd'huy viſiblement ſur nous,
Et qu'il eſt mal-aiſé de vaincre la Fortune,
Quand elle veut monſtrer ſa derniere rancune.

Certes iamais l'eſpoir de voir noſtre vertu
Releuer auiourd'huy voſtre Empire abbatu,
Ne flata noſtre armée auec plus d'apparence,
Et ne la fit combatre auec plus d'aſſeurance.
D'abord tout a fait iour aux merueilleux efforts,
Dont nous auons couuert la campagne de morts.
Deux fortes Legions ſuperbement armées,
Et preſque de tout temps à vaincre accouſtumées,
N'ayant pû ſouſtenir nos bataillons preſſez,
Ont tombé ſur les leurs, qu'elles ont renuerſez;
Et ſe monſtrant alors à la peur acceſsibles,
Ont perdu contre nous le tiltre d'Inuincibles,
A ce premier ſuccez plus forts qu'auparauant,
Nous pouſſons hardiment nos armes plus auant:
Le Roy tout le premier payant de ſa perſonne,
Nous conduit à leur camp, que l'on nous abandonne,
[30] Par vn combat ſi foible & ſi peu reſolu,
Que nous pouuions iuger qu'on l'auoit bien voulu,
Et que ce ſtratageme eſtoit vn coup de maiſtre,
Comme l'euenement le fit bien-toſt pareſtre.
Car au lieu d'acheuer l'ouurage glorieux,
Qui deuoit couronner nos fronts victorieux,
Le ſoldat en deſordre imprudemment s'engage,
Tant à bruſler le camp, qu'à piller le bagage;
Et ſoulant de butin ſon auare apetit,
Ne ſent pas que par là ſon ardeur s'alentit.
Sur cét amuſement l'ennemy ſe r'allie;
D'vn coſté Maſsiniſſe, & de l'autre Lelie,
Sans nous donner loiſir de reprendre nos rangs,
Viennent fondre ſur nous, comme deux fiers torrens.

Sophoniſbe.

Que ſert de me cacher le poignard qui me tuë?
Non, non, il faut mourir, la bataille eſt perduë.

Caliodore.

Vous l'auez dit, Madame, et c'eſt la verité;
Meſme s'il faut tout dire à voſtre Majeſté,

C'eſt que ſi les Romains, comme il eſt trop à croire,
Meſnagent mieux que nous le fruict de leur victoire,
[31] Ils entreront dans Cirte auſsi facilement,
Que s'ils n'y treuuoient pas vn ſoldat ſeulement:
Le peuple espouuanté leur ouurira les portes,
Dés qu'il verra venir leurs premieres cohortes.

Sophoniſbe.

Le Roy par conſequent eſt mort, ou priſonnier?

Caliodore.

De tous nos maux publics c'eſt icy le dernier;
Il eſt vray qu'en monſtrant ſa valeur infinie,
Ce Prince mal-heureux a ſa trame finie.

Sophoniſbe.

Pluſtoſt qu'il eſt heureux de n'auoir pas veſcu,
Pour eſtre à la mercy de ceux qui l'ont vaincu:
„Et qu'il eſt importun de conſeruer ſa vie,
„En vn temps où la mort est ſi digne d'enuie!

Phenice.

Madame, en vn mal-heur ſi grand, & ſi preſſant,
Il faut ſaire pareſtre vn eſprit agiſſant,
Et penſer qu'en l'eſtat où vous eſtes reduite,
Vous deuez ſur le champ vous reſoudre à la fuite,
[32] En pareil accident les pleurs ſont ſuperflus,
Et la perte du temps ne ſe repare plus.

Sophoniſbe.

Bons Dieux! quel bruit de peuple entremeſlé de plaintes,
Replonge mon esprit en de nouvelles craintes?

ACTE II.

SCENE III.

Caliodore.

MAdame attendez moy, i'[i]ray voir s'il vous plaiſt,
D'où prouient ce tumulte.

Sophoniſbe.

Ouy, ſçachez ce que c'eſt.
Elle demeure ſeule, parlant à ſes filles.
[33] O vous de mes trauaux compagnes genereuſes,
Faut-il que mes mal-heurs vous rendent mal-heureuſes?
Et que l'affection que vous auez pour moy,
Mette voſtre diſgrace au poinct où ie la voy?

Coriſbé.

Hé! Madame, plaignez voſtre ſeule infortune,
Et ſouffrez qu'auec vous elle nous ſoit commune:
En cela ſeulement le Sort nous fait plaiſir,
Et veut bien nous traitter ſelon noſtre deſir.
Ceſte meſme rigueur du mal qui nous afflige,
En la ſouffrant pour vous nous plaiſt & nous oblige:
Comme nous euſmes part à vos proſperitez,
Il faut bien nous ſentir de vos aduerſitez.

Sophoniſbe.

O Miracle de foy, d'amour & de ſageſſe,
Digne d'vn autre Sort, & d'vne autre Maiſtreſse!

Caliodore reuenu.

Madame il n'est plus temps ny de diſsimuler,
Ny de vous taire vn mal qui ne ſe peut celer.
[34] La ville s'eſt renduë, ou du moins se va rendre,
Et de là vient le bruit que nous venons d'entendre.
Maſsiniſſe en perſonne eſt deuant nos remparts,
Où chacun pour le voir accourt de toutes parts.

Sophoniſbe.

Il faut donc par mon ayde apreſtant mon courage,
Euiter par la mort la honte du ſeruage,
Sus donc, qui de vous trois me preſtera la main,
Qui de vous au beſoin ſera le plus humain?
Toy fidelle ſubiect, ſi ma cheute certaine,
Me laiſſe encor ſur toy la qualité de Reyne,
Employe ton eſpée à cét acte d'amour,
(Puis que c'eſt m'aymer bien que me priuer du iour,)
Deſpeſche, et n'attẽds pas que Rome ayt l'aduantage
De triompher en moy de l'honneur de Cartage.

Caliodore.

Pour tels commandemens mon cœur a proteſté,
De n'obeyr iamais à voſtre Majeſté.

Sophoniſbe.

Helas! de quel endroit esperer du remede,
Si les miens auiourd'huy me refuſent leur ayde?

[35] **Phenice.**

Comme on ne doute point qu'vn mal deſeſperé
N'ayt touſiours en la mort vn remede aſſeuré,
Ce remede eſt auſsi le dernier qu'on eſſaye,
Et qu'on doit appliquer à la derniere playe,
Pour moy ie ſuis d'auis qu'oubliant le treſpas,
Vous tiriez du ſecours de vos propres apas.
Vous n'aurez pas beſoin de beaucoup d'artifice;
Pour vous rendre agreable aux yeux de Maſsiniſſe,
Eſſayez de gaigner ſon inclination.

Sophoniſbe.

Pleuſt aux Dieux!

Phenice.

Il eſt ieune, & d'vne nation,
Qui par toute l'Afrique eſt la plus renommée,
Pour aymer auſsi-toſt, & vouloir eſtre aymée.
De grace, au nom des Dieux eſſayez le pouuoir,
Que ſur vn cœur Numide vn bel œil doit auoir,
Et donnez ceſte espreuue à nos communes larmes.

Sophoniſbe.

Ie n'attends rien du tout du coſté de mes charmes,
[36] Ce remede, Phenice, eſt ridicule & vain;
Il vaut mieux ſe ſeruir de celuy de la main,
Et d'vn coup genereux, digne de mon courage,
Me ietter dans le port en dépit de l'orage:
Mais pour vous contenter, ie me force, & veux bien
Faire vne laſcheté qui ne ſerue de rien.

Fin du 2. Acte.

[37] LA

SOPHONISBE,

TRAGEDIE DE MAIRET.

ACTE III.

SCENE I.

Maſsinisse.

GRACE aux Dieux, ceſte inſigne & derniere victoire
Me rend tous les rayons de ma premiere gloire.
Il eſt mort ce barbare & laſche Vſurpateur,
Qui de tant de combats fut l'obiect & l'autheur.
[38] Le Ciel par ſa ruyne a fait voir à la terre,
Qu'vn ſuccez mal-heureux ſuit vne iniuſte guerre.
O vous à qui ie doy la fortune & l'honneur,
Inſtruments & teſmoins de mon dernier bon-heur,
Croyez, chers compagnons, dont les armes proſperes
M'ont ouuert le chemin au throſne de mes peres;
Que par vos longs trauaux mon repos reſtably,
N'eſt pas dans mon eſtime vn bien digne d'oubly.
Ie ſçay trop quel ſalaire exigent vos ſeruices,
Et que l'ingratitude eſt le plus noir des vices:
Mais il nous reſte encore à faire vne action,
Qui conduiſe ma gloire à ſa perfection.

Philip.

Magnanime Empereur, diſpoſez de nos vies;
Et ſi vous conceuez de plus hautes enuies,
Si l'Eſtat de Syphax ne vous contente pas,
Pouſſez vos vœux plus outre, et nous ſuiurõs vos pas.
Sous l'auœu du Senat vous pouuez entreprendre
De nous mener plus loing que ne fut Alexandre.
Vous poſſedez l'amour de quatre Legions,
Qui vous peuuent donner autant de regions,
Et qui ne cedent pas à ces vieilles Phalanges,
Qui virent tant de mers et de terres eſtranges.

[39] **Maſsiniſſe.**

Ie ne refuſe pas, inuincibles Romains,
Ny ces cœurs genereux, ny ces puiſſantes mains,
Qui par tout l'Vniuers quand les cauſes ſont bonnes,
Oſtent comme il leur plaiſt, & donnent les Couronnes.
Je ſçay que vous m'aymez & que voſtre amitié
Eſtablit ma puiſſance, & l'accroit de moitié.
Enfin que vous pourriez, ſi vous le vouliez faire,
Rendre toute l'Afrique à mes vœux tributaire:
Mais les bons mouuemens que vous auez pour moy,
Se doiuent reſeruer pour vn meilleur employ;
Et pour l'acheuement d'vne plus grande choſe,
Que celle que ie veux, & que ie vous propoſe.

Philip.

Commandez ſeulement, & dites ce qu'il faut.

Maſsiniſſe.

Allez droit au Palais, & l'emportez d'aſſaut,
S'il eſt vray, comme on dit, qu'il faſſe reſiſtance;
Non que de ſoy le lieu ſoit de telle importance,
Qu'il faille abſolument, ſans attendre à demain,
Au prix de noſtre ſang l'auoir à coups de main:
[40] Mais c'eſt que Sophoniſbe à l'extreme reduite,
S'y trouue enuelopée auec toute ſa ſuite.
Or ie crains qu'attendant iuſqu'à demain matin,
Ceſte longueur ne nuiſe à l'Empire Latin:

Car ſi ceſte Africaine, auſsi fine que belle,
Employe à ſe ſauuer quelque ruſe nouuelle,
Il a touſiours en elle vn puiſſant ennemy;
Et nous n'auons gaigné ny vaincu qu'à demy;
Outre que ceſte Reyne en beautez nompareille,
Doit de noſtre triomphe accomplir la merueille,
Qui ſans ceſt ornement ſera defectueux.
Et rendra moins brillans vos actes vertueux.
Allons donc de ce pas attaquer ceſte place,
Que deffend vne foible & laſche populace:
Que s'il faut l'emporter par vn ſanglant moyen,
Separez le ſoldat d'auec le citoyen:
Eſpargnez, s'il ſe peut, ce[s] peu vaillantes ames,
Et ſur tout reſpectez la Princeſſe & ſes fȃmes,
Et qu'en faueur du sexe, ou de la qualité,
On ne faſſe à pas vne aucune indignité.

[41]

ACTE III.

SCENE II.

SOPHONISBE, PHENICE, CORISBÉ.

Sophoniſbe.

PHENICE encore vn coup, tandis qu'il m'eſt loiſible,
Que i'applique à mes maux vn remede infaillible.
Celuy que ie propoſe, outre qu'il eſt honteux,
Ne promet qu'vn effect extremement douteux:
Le pouuoir de mes yeux, s'il faut que ie le tente,
Vaut moins que le ſecours que ma main me preſente:
C'eſt le plus prompt de tous, comme le plus certain,
Et le plus digne auſsi d'vn courage hautain.

Vn ſeul coup de poignard eſpuiſera mes veines,
Et preſque ſans douleur acheuera mes peines.
Ha! que deſia ſans vous i'aurois bien eſuité
La honte & le mal-heur de la captiuité!

[42] **Phenice.**

Donnez-vous, s'il vous plaiſt, vn peu de patience,
Et de voſtre beauté faites experience;
Sçachez ce qu'elle vaut, & ce que vous pouuez:
Mais comment le ſçauoir, ſi vous ne l'eſprouuez?

Coriſbé.

De fait la desfiance où la Reyne ſe treuue,
Ne peut venir d'ailleurs que d'vn mãque d'espreuue.

Sophoniſbe.

Coriſbé prenez garde à l'eſtat où ie ſuis,
Et par là, comme moy, voyez ce que ie puis.
Quand hier i'aurois eſté la viuante peinture
Des plus rares beautez qu'on voit en la Nature,
Le moyen que mes yeux conſeruent auiourd'huy,
Vne extreme beauté ſous vn extreme ennuy?
Et n'ayant plus en moy que des attraits vulgaires,
Ils ne toucheroient point, ou ne toucheroient gueres:
De ſorte qu'apres tout ie conclus qu'il vaut mieux,
Eſſayer le ſecours de la main que des yeux.

[43] **Coriſbé.**

Madame, ſi vos yeux n'ont pas aſſez d'amorce,
Vos mains au pis aller auront aſſez de force,
Pour vous faire ſentir la pointe d'vn poignard:

Sophoniſbe.

Mais peut-eſtre qu'alors ie le voudray trop tard,
Et que ie n'auray pas vn glaiue qui me tuë.

Phenice.

Ce que le fer ne peut la douleur l'effectuë.
Tant de chemins diuers conduiſent au treſpas,
Que qui n'en treuue point, veut bien n'en treuuer pas:

Il faut donc, s'il vous plaift, vous refoudre à la vie,
Et rauir la franchife à qui vous l'a rauie.
Pour moy ie ne voy point qu'à voftre feul afpect,
Il ne brufle d'amour, et tremble de refpect:
Et qu'à fon iugement vous n'emportiez la pomme
Sur toutes les beautez de Capouë & de Romme.
Au refte la douleur ne vous a point efteint,
Ny la clarté des yeux, ny la beauté du teint:
Vos pleurs vous ont lauée, & vous eftes de celles,
Qu'vn air trifte & dolent rend encore plus belles.
[44] Vos regards languiffants font naiftre la pitié,
Que l'amour fuit par fois, & toufiours l'amitié;
N'eftant rien de pareil aux effects admirables,
Que font dãs les beaux cœurs des beautés miferables.
Croyez que Mafsiniffe eft vn viuant rocher,
Si vos perfections ne le peuuent toucher,
Et qu'il eft plus cruël qu'vn Tygre d'Hircanie,
S'il exerce enuers vous la moindre tirannie.

---

[45]

ACTE III.

SCENE III.

Caliodore furuenant.

MADAME, Mafsiniffe eft dans la grande court,
Qu'on prendroit pour vn Temple où tout le monde accourt,
Tant fes foins d'empefcher le defordre & l'outrage,
Des plus espouuantez affeurent le courage;
Au refte fi benin, que voftre Majesté
Doit beaucoup esperer de fon humanité.
Mais le degré Royal retentit ce me femble,
D'vn grand bruit de boucliers:

Sophonifbe.

Ha! Phenice, ie tremble.

Phenice.

C'eſt pourtant maintenant qu'il ſe faut aſſeurer,
Et luy tirer des traits qu'il ne puiſſe parer.
[46] Si toſt qu'il entrera faictes luy la harangue,
Que la neceſsité vous mettra ſur la langue;
Et dont les doux regards & les ſoûpirs frequents
Faſſent les plus beaux traicts, & les plus eloquents.
Au reste vn ieune esprit facilement s'engage,
Par la douceur des yeux, du geſte & du langage,
Que voſtre Majeſté ne refuſe donc pas,
D'attaquer ſon vainqueur auec tous ſes appas.

Vœv de Sophoniſbe a l'Amovr.

Voicy, puiſſant Amour, vn ſubiect aſſez ample,
Pour laiſſer de ta force vn memorable exemple.
Entreprens ce miracle, afin que les mortels,
De ſoûpirs & d'encens eſchauffent tes autels:
Fay-donc, & ie te vouë vn Temple magnifique,
Comme au Reſtaurateur des affaires d'Afrique.

---

[47]

ACTE III.

SCENE IIII.

MASSINISSE. SOPHONISBE. PHENICE. CORISBÉ.

Maſsiniſſe.

entrant auec ſes ſoldats.

SOLDATS attendez-moy, n'entrez pas plus auant,
La majesté du lieu ne veut point de ſuiuant.
Autant que ſa douleur ſa beauté nous la monſtre,
Qui d'vn pas triſte & lent nous vient à la rencontre.

[48] **Harangve de Maſsiniſſe.**

Madame, ie ſçay bien que c'eſt renouueler,
Ou croiſtre vos ennuys, que de vous en parler;

Et qu'il me ſieroit mieux d'auoir la bouche cloſe
Que de vous conſoler du mal que ie vous cauſe.
Mais vos Dieux & les miens, à qui rien n'eſt ſegret,
Sçauent qu'en vous perdant ie vous perds à regret;
Et qu'en quelque façon mon bon-heur m'importune,
Pource qu'il ne me vient que de voſtre infortune.
Mais puis que le Deſtin, pour mõſtrer qu'il vous hait,
N'a pas laiſſé la choſe au gré de mon ſouhait,
Treuuez bon que mon cœur vous iure par ma bouche,
Que tres-ſenſiblement voſtre douleur le touche;
Et qu'il diminûroit & vos maux & vos ſoins,
Si pour y prendre part il vous en reſtoit moins.
Ne m'eſtant pas permis d'empeſcher vos miſeres,
Ie feray pour le moins qu'elles vous ſoient legeres;
Et ſi ie ne le puis, i'auray ſoin en tout cas
Que de nouueaux mal-heurs ne les agrauent pas,
Et qu'on vous traitte en Reyne, & non pas en captiue;
Rendez donc l'aſſeurance à voſtre ame craintiue,
Et que voſtre douleur ſe diſpoſe à ſonger,
En quoy les miens ou moy la pouuons ſoulager.

[49] **Reſponse de Sophoniſbe.**

C'eſt bien tres-iuſtement, ô Vainqueur magnanime,
Que le monde eſt remply du bruit de voſtre eſtime:
Vos rares qualitez m'aprennent la raiſon
Du mal-heur obſtiné qui ſuit noſtre maiſon.
Leur eſclat eſt ſi grand, que la Fortune meſme,
Toute aueugle qu'elle eſt, les cognoiſt & les ayme;
Et vous fauoriſant agit ſi ſagement,
Qu'elle monſtre en cela qu'elle a du iugement.
Mais pour le iuſte prix d'vne vertu ſi haute,
Si par de plus grands biens que ceux qu'elle nous oſte,
L'inconſtante n'adiouſte à vos proſperitez,
Vous auez beaucoup moins que vous ne meritez.
Aſſez de Conquerants à force de puiſſance,
Rengent les Nations à leur obeyſſance;
Mais fort peu ſçauent l'art de vaincre les eſprits,
Et de bien meriter le Sceptre qu'ils ont pris.

Il n'appartient qu'à vous de faire l'vn & l'autre,
C'eſt la propre vertu d'vn cœur comme le voſtre:
Meſme c'eſt vn Deſtin, que les Roys ennemis
Sont d'abord odieux à ceux qu'ils ont ſoumis,
Où voſtre courtoiſie, ô Vainqueur debonnaire,
Faict vn miracle en moy qui n'eſt pas ordinaire.
[50] Tant s'en faut que voſtre heur m'oblige à murmurer,
Que ie demande aux Dieux de le faire durer;
Et vous n'aurez iamais vne grandeur parfaite,
Que lors que vous aurez ce que ie vous ſouhaite.
Les preſens que le Sort vous fait à mes deſpens,
Ne ſont pas le ſubiect des pleurs que ie reſpans;
Ie voy voſtre bon-heur, ſans haine, & ſans enuie,
Et ie plains ſeulement le malheur de ma vie,
Qui m'eſt d'autant plus dur, que m'ayant tout oſté,
Eſperance, Repos, Fortune, Liberté,
Pour faire de tout poinct mon Deſtin pitoyable,
Il m'oſte le moyen de me rendre croyable.
Dans la condition du temps où ie me voy,
Ie vous ſeray ſuſpecte, ou peu digne de foy.
Mais n'ayant quaſi plus qu'eſperer & que craindre,
Il me ſieroit fort mal de flater ou de feindre;
Et ie me hayrois, ſi i'auois racheté
L'Empire de Syphax par vne laſcheté.

Phenice.

Ma Compagne. il ſe prend.

Maſsiniſſe.

O Dieux! que de merueilles
Enchantent à la fois mes yeux & mes oreilles!
[51] Certes iamais eſprit n'eut vn plaiſir ſi doux,
Que celuy que ie ſens d'eſtre eſtimé de vous.
Mars n'a point de Lauriers dont la gloire me touche,
Au prix d'eſtre loüé d'vne ſi belle bouche:
Mais ie n'auray iamais qu'vn bon-heur imparfait,
Si voſtre compliment n'eſt ſuiuy de l'effect;
Si vous ne teſmoignez eſtimer Maſsiniſſe,
En luy donnant ſubiect de vous rendre ſeruice.

Commãdez donc, Madame, eſprouuez auiourd'huy
Le pouuoir abſolu que vous auez ſur luy;
Et tout mal-heur le ſuiue, au cas qu'il ne vous ſerue,
Aux choſes qu'il pourra, ſans feinte et ſans reſerue.

Sophoniſbe.

Grand Roy, puis qu'il vous faut vn ſujet mal-heureux,
Où pouuoir exercer vos actes genereux;
Pour ne me rendre pas voſtre grace inutile,
Ie ne vous feray point de requeſte inciuile.

Phenice.

La victoire eſt à nous, ou ie n'y connoy rien.

Sophoniſbe.

Non, ie ne veux de vous ny puiſſance ny bien:
[52] Ie ne demande pas à vos mains liberales,
Ny mon Sceptre perdu, ny ſes pompes royales:
Car i'atteſte les Dieux, que quand ie les aurois,
Auec l'ame & le cœur ie vous les donnerois:
Mais ſi le ſentiment de la miſere humaine
Vous fait auoir pitié d'vne dolente Reyne,
N'aguere l'ornement de ſa condition,
Et maintenant l'obiect de la compaſsion;
Donnez-moy l'vn des deux, ou que iamais le Tibre
Ne me reçoiue eſclaue, ou que ie meure libre.
Nous vous en coniurons mes diſgraces et moy,
Par le nom Africain, par le tiltre de Roy,
De qui la Majeſté de tout temps ſacre-ſainte,
Souffriroit en ma honte vne publique atteinte:
Par les Sceptres que i'eus, par ceux que vous auez,
Par ces ſacrez genoux de mes larmes lauez,
Par ces vaillantes mains touſiours victorieuſes,
Bref par vos actions en tout ſi glorieuſes.

Maſsiniſſe.

Dieux! faut-il qu'vn Vainqueur expire ſous les coũs
De ceux qu'il a vaincus?

Madame, leuez-vous,

[53] **Sophoniſbe.**

Non, Seigneur, que mes pleurs n'obtiennent ma demande:

Maſsiniſſe.

Vous obtenez encor vne choſe plus grande;
C'eſt vn cœur que beauté n'a iamais aſſeruy,
Et que preſentement la voſtre m'a rauy.

Sophoniſbe.

En l'eſtat où ie ſuis il faut bien que i'endure
L'outrageuſe rigueur de voſtre procedure:
Mais ſçachez que iamais vn genereux Vainqueur
N'afligea ſon vaincu d'vn langage moqueur.

Maſsiniſſe.

Ha! Madame, perdez ceſte iniuſte creance,
Qui dans ſa fauſſeté me nuit, & vous offence;
Iugez mieux des reſpects qu'vn Prince doit auoir,
Et dans voſtre beauté voyez voſtre pouuoir.
Trop de gloire pour moy ſe treuue en ma deffaite,
Pour la deſaduoüer, et la tenir ſecrette.
Vantez-vous d'auoir faict auec vos ſeuls regards,
Ce que n'ont iamais pû ny les ſeux, ny les dards.
[54] Il eſt vray, i'affranchis vne Reine captiue,
Mais de la liberté moy-meſme ie me priue:
Mes tranſports violents, & mes ſoûpirs non feints,
Vous deſcouurent aſſez le mal dont ie me plains.

Sophoniſbe.

Certes ma vanité ſeroit trop ridicule,
Ou i'aurois vn eſprit extrémement credule,
Si ie m'imaginois qu'en l'eſtat où ie ſuis,
Captiue, abandonnée, au milieu des ennuis,
Le cœur gros de ſoûpirs, & les yeux pleins de larmes,
Ie conſeruaſſe encor des beautez & des charmes,
Capables d'exciter vne ardente amitié.

Maſsiniſſe.

Il eſt vray que d'abord i'ay ſenty la pitié;
Mais comme le Soleil ſuit les pas de l'Aurore,
L'Amour qui l'a ſuiuie, & qui la ſuit encore,

A fait en vn inſtant dans mon cœur embrazé,
Le plus grand changement qu'il ait iamais cauſé.

Sophoniſbe.

Il eſt trop violent pour eſtre de durée:

Maſsiniſſe.

Ouy, car en peu de temps la mort m'eſt aſſeurée.
[55] Si vous ne conſolez d'vn traictement plus doux,
Celuy qui deſormais ne peut viure ſans vous.

Coriſbé.

Comme de plus en plus cét eſprit s'embaraſſe!

Maſsiniſſe.

Donnez-moy l'vn des deux, la mort, ou voſtre grace.
Nous vous en coniurons mes paſsions & moy,
Non par la dignité de Vainqueur & de Roy,
Puis qu'Amour me fait perdre & l'vn & l'autre titre,
Mais par mon triſte Sort, dont vous eſtes l'arbitre;
Par mon ſang enflammé, par mes ſoûpirs brûlans,
Mes tranſports, mes deſirs, ſi prompts, ſi violents,
Par vos regards, ces traicts de lumiere & de flame,
Dont i'ay ſenty les coups au plus profond de l'ame:
Et par ces noirs tirans dont i'adore les loix,
Ces vainqueurs des vainqueurs, vos yeux maiſtres des Rois;
En fin par la raiſõ que vous m'auez oſtée,
Rendez-moy la pitié que ie vous ay preſtée:
Ou s'il faut dans mon ſang noyer voſtre courrous,
Que ce fer par vos mains m'immole à vos genous:
Victime infortunée & d'amour & de hayne:

Sophoniſbe.

Voſtre mort au contraire augmenteroit ma peine;
[56] Mais plaignez, ô grand Roy, voſtre ſort & le mien,
Qui par neceſsité rend le mal pour le bien:
Ie vous plains de ſouffrir, & moy ie ſuis à plaindre,
D'allumer vn braſier que ie ne puis eſteindre.

Maſsiniſſe.

Quand on n'a point de cœur, ou qu'il eſt endurcy;

Sophonifbe.

C'eſt pour en auoir trop que ie vous parle ainſi.

Maſsiniſſe.

Ce diſcours cache vn ſens que ie ne puis entendre:

Sophonifbe.

Ce diſcours toutes fois eſt facile à comprendre;
Le deplorable estat de ma condition
M'empeſche de reſpondre à voſtre affection:
La vefue de Syphax est trop infortunée,
Pour auoir Maſsiniſſe en ſecond Hymenée;
Et ſon cœur genereux formé d'vn trop bon ſang,
Pour faire vne action indigne de ſon rang:
Car enfin la Fortune auec toute ſa rage,
M'a bien osté le Sceptre, & non pas le courage.
[57] Je ſçay qu'vſant des droicts de Maistre & de Vainqueur,
Vous pouuez me traicter auec toute rigueur:
Mais i'ay creu iuſqu'icy que vostre ame est trop haute,
Pour le ſimple penſer d'une ſi laſche faute.

Maſsiniſſe.

Croyés-le encor, Madame, & ſçachez qu'en ce poinct
Voſtre creance & moy ne vous trõperons point.
Donc pour vous faire voir que c'eſt la belle voye,
Par où ie veux monter au comble de ma ioye;
Puis que Syphax n'eſt plus, il ne tiendra qu'à vous,
D'auoir en Maſsiniſſe vn legitime espous.

Sophonifbe.

Quelles Reynes au monde en beautez ſi parſaictes,
Ont iamais merité l'honneur que vous me faictes?
O merueilleux excez de grace & de bon-heur,
Qui met vne Captiue au lict de ſon Seigneur!

Maſsiniſſe.

Puis que vous me rendez le plus heureux des hõmes,
Ma violente ardeur, & le temps où nous ſommes,
Ne me permettent pas de beaucoup differer
Vn bien le plus parfaict qu'on ſçauroit eſperer.

[58] C'eſt pourquoy treuuez bon qu'en la forme ordinaire,
Le flambeau d'Hymenée auiourd'huy nous eſclaire,
Tant pour haſter le temps d'vn bien qui m'eſt ſi cher,
Que pour d'autres raiſons qui pourroiẽt l'empeſcher,
Et que pour le preſent il faut que ie vous taiſe.
Cependant permettez que ie prenne à mon aiſe
Vn honneſte baiſer, pour gage de la foy,
Que le Dieu conjugal veut de vous et de moy.

Il la baiſe.

O transports! ô baiſer de nectar & de flamme,
A quel rauiſſement eſleues-tu mon ame!
Madame, s'il vous plaiſt, i'iray voir mes ſoldats,
Et les ordres donnez ie reuiens ſur mes pas.
Adieu, vous voyez trop en mon viſage bleſme,
Que m'arracher de vous, c'eſt m'oſter à moy-meſme.

Il s'en va.

Sophoniſbe.

O miracle d'amour à nul autre pareil!

Phenice.

Peut eſtre vne autre fois vous ſuiurez mon conſeil?

Sophoniſbe.

Ha! Phenice, il eſt vray qu'vne telle merueille,
Fait que tres-iuſtement ie doute que ie veille,
[59] Et qu'vn ſonge trompeur n'abuſe mes eſprits.

Phenice.

Madame, le Numide eſt tellement eſpris,
Son braſier eſt ſi grãd, qu'il ne vous faut pas creindre,
Que rien que le treſpas ait pouuoir de l'eſteindre.
Cependant en cecy la prudence des Dieux,
Contre nos ſentimens a fait tout pour le mieux.
S'il auoit auiourd'huy voſtre lettre receuë,
Vos deſſeins n'auroient pas vne ſi bonne iſſuë.
S'il ſçauoit ſeulement que vous l'auez chery,
Vous l'auriez pour amant plutoſt que pour mary.
Croyez aſſeurément que voſtre modeſtie,
Fait de ſa paſsion la meilleure partie.

C'eſt pourquoy tenez bon, & ne relaſchés point,
Que l'ouurage entrepris ne ſoit au dernier poinct.
Apres quand vous ſerez ſa veritable fâme,
Vous pourrez luy montrer voſtre premiere flame,
Afin qu'il vous cheriſſe auecque plus d'ardeur,
Voyant que vous l'aymez, et non pas ſa grandeur.
Allons donc acheuer les apreſts neceſſaires
Au reſtabliſſement du bien de vos affaires.
Mais quel ſuiect, Madame, auez-vous de reſuer?

Sophoniſbe.

Phenice, ie ne ſçay ce qui doit m'arriuer:
[60] Mais quelque doux preſent que le bõ-heur m'enuoye,
Mon cœur ne gouſte point vne parfaite ioye.
Syphax n'a pas encor les honneurs du tombeau,
Et d'vn ſecond Hymen i'allume le flambeau;
Certes son amitié iointe à la bien-ſeance,
Me donne du remords & de la repugnance.

Coriſbé.

Madame il eſt bien vray qu'en vne autre ſaiſon,
Vous auriez ces penſers auec iuſte raiſon:
Mais ſongez qu'en l'eſtat où vous eſtes reduite,
C'eſt la neceſsité qui fait voſtre conduite.
Mille raiſons d'Eſtat que vous n'ignorez pas,
Sont de voſtre action l'excuſe & le compas.
Celles de voſtre rang ſont touſiours dispenſées,
D'attacher leur conduite à toutes ces penſées.

Sophoniſbe.

Allons donc trauailler à noſtre liberté,
Et cedons aux rigueurs de la neceſsité.

Fin du 3. Acte.

[61] LA

SOPHONISBE,

TRAGEDIE DE MAIRET.

ACTE IIII.

SCENE I.

MASSINISSE, SOPHONISBE.

Maſsiniſſe.

QVELQVE inſigne bon-heur dont ie ſois redeuable
Aux careſſes du Sort qui m'eſt ſi fauorable,
[62] C'eſt icy le plus grand qui m'ayt iamais ſuiuy,
Ouy, Madame, il eſt vray que ie ſuis plus rauy
De voir que voſtre amour à la mienne responde,
Que ſi i'auois ſoumis tous les peuples du monde.
I'ayme plus de moitié quand ie me ſens aymé,
Et ma flame s'accroiſt pour vn cœur enflamé.
Dans la poſſeſsion d'vne beauté de glace,
La plus chaude fureur s'alentit & ſe laſſe.
Vn plaiſir legitime en veut vn de retour,
Et l'amour ſeulement eſt le prix de l'amour.
Comme par vne vague vne vague s'irrite,
Vn ſoûpir amoureux par vn autre s'excite.
Quand les chaines d'Hymen eſtreignent deux eſprits,
Vn baiſer ſe doit rendre auſsi-toſt qu'il eſt pris.

De ſorte que touſiours la plus honneſte fâme,
Eſt celle qui teſmoigne vne plus viue flame:
C'eſt là que ſa vertu ſe monſtre en ſon ardeur,
Et que la retenuë eſt de mauuaiſe odeur.
Pour moy, quoy que deſia ma paſsion fut telle,
Que ſa force excedât toute force mortelle,
Mes deſirs toutesfois ont accreu de moitié,
Depuis que i'ay connu voſtre ardente amitié.

[63] Sophoniſbe.

Il me faudroit la voix de l'Eloquence meſme,
Pour vous repreſenter à quel poinct ie vous ayme.
Il ſuffit que pour trop, & trop bien vous aymer,
Il n'eſt point de diſcours qui le puiſſe exprimer.
Pourtant, & c'eſt icy la peur qui m'aſſaſine,
Voſtre eſprit abuſé peut-eſtre s'imagine,
Que mon affection toute pure qu'elle eſt,
Meſle dans ſa ferueur quelque peu d'intereſt.
Mais i'atteſte le Ciel que ma foy non commune,
Regarde Maſsiniſſe, & non pas ſa fortune;
Et qu'en pareil degré de fortune & d'ennuy,
Ce qu'il a faict pour moy, ie l'aurois faict pour luy.

Maſsiniſſe.

Ie ne veux pour teſmoin des choſes que vous dites,
Que mon propre bon-heur.

Sophoniſbe.

Mais vos propres merites.

Maſsiniſſe.

A propos où naſquit, en quel temps, & pourquoy,
La bonne volonté que vous auez pour moy?
[64] De grace accordez-moy le plaiſir de l'entendre,
Vous plaiſt-il?

Sophoniſbe.

Volontiers, ie m'en vay vous l'apprendre.
Vous ſçauez qu'autrefois nous fuſmes ſur le poinct,
De conclure vn Hymen qui ne s'acheua point.

Ce Prince mal-heureux, à qui les Deſtinées
Vouloient ſacrifier mes premieres années,
Fut cauſe que mon pere à ſes vœux complaiſant,
Rompit le nœud ſacré qui nous lie à preſent.
Cependant ſous l'eſpoir d'eſtre vn iour voſtre ſâme,
I'auois conceu pour vous vne ſecrette flame,
Et receu dans l'eſprit vne douce langeur,
Dont le temps m'eut guerie auecque ſa longeur;
Si l'eſtrange accident que vous allez entendre,
N'eut r'allumé ce feu qui mouroit ſous ſa cendre.
Vous ſouuient-il du iour que Syphax et les ſiens,
Sortirent pour forcer vos Maſſeſsiliens?
Il ſe paſſa pour vous auecque tant de gloire,
Que vous en deuez bien conſeruer la memoire.
Car par voſtre vertu les noſtres repouſſez,
Vous laiſſerent venir iuſqu'au bord des foſſez,
[65] Où ie vous vis combatre auec tant de vaillance,
Que i'eus deſià pour vous aſſez de bienueïllance,
Pour ne ſouhaiter pas qu'vn ſuccez mal-heureux
Acheuaſt à mes yeux vos exploicts valeureux:
Mais lors que de la tour où ie m'eſtois placée,
Ie vis de voſtre armet la viſiere hauſsée,
Que pour vous rafraiſchir vous leuaſtes expres;
Et qu'il me fut permis d'obſeruer d'aſſez pres
Ce viſage où l'Amour, & le Dieu de la Thrace,
Meſlent tant de douceur auecque tant d'audace;
De là ie commençay de vendre mon pays,
Et de là dans mon cœur les miens furent trahis,
D'vne fleche de feu i'eus l'ame outrepercée,
De ſorte que de tous ie ſus la plus bleſsée:
Il eſt vray qu'à preſent mon mal eſt apaiſé,
Par la main de celuy qui me l'auoit cauſé;
Et que la gueriſon qui s'en eſt enſuiuie,
Me le fera benir tout le temps de ma vie.

Maſsiniſſe.

Certes ie ſuis heureux d'vne telle façon,
Que ma proſperité me donne du ſoupçon:

Ie treuue deſormais ma fortune ſi grande,
Que i'en ſuis aueuglé, ſi ie ne l'apprehende.
[66] Le bon-heur a cela de la mer et du flus,
Qu'il doit diminuër ſi toſt qu'il ne croiſt plus.
Mais s'il faut que les Cieux, cõme c'eſt leur coûtume,
Faſſent à la douceur ſucceder l'amertume,
Que tout ſeul, s'il ſe peut, ie boiue tout le fiel,
Que reſpandroit ſur nous la cholere du Ciel.
Mais que veut ce ſoldat couuert à la Romaine,
Ha! mon cher Ariſton, quel ſuiet vous ameine?
Et que faict Scipion?

Ariſton.

Sire, il vient d'arriuer,
Qui vous mande par moy de le venir treuuer.

Maſsiniſſe.

Où l'auez-vous laiſſé?

Ariſton.

Dans la ſale prochaine,
Où ſeulement Lelie auec luy ſe promeine.

Maſsiniſſe.

Oüy, i'iray le treuuer dans vn moment d'icy.

Sophoniſbe.

Ie n'attens rien de bon de ce meſſage-cy,
[67] Ce nom de Scipion m'eſt de mauuais preſage,

Maſsiniſſe.

O Dieux!

Sophoniſbe.

Et quoy, Seigneur, vous changez de viſage?
Quel ſujet auez-vous inquieter?

Maſsiniſſe.

Nul, que le déplaiſir que i'ay de vous quitter.

Sophoniſbe.

Vn ſi prompt changement marque encore autre choſe,
Et voſtre inquietude a toute vne autre cauſe:

Dites la verité, vous craignez le pouuoir
De celuy qui vous mande, & que vous allez voir?

Maſsiniſſe.

Il eſt vray que ie crains que ce courage auſtere
N'empeſche uos plaiſirs, ou qu'il ne les altere;
Ie voy ma deſtinée, & ſçay que Scipion
Eſt venu pour troubler noſtre ſainte vnion.
C'eſt pourquoy i'ay voulu haſter ma procedure:
Car la choſe eſtant faite, il faudra qu'il l'endure.
Il ſera moins faſché que ſi i'euſſe attendu,
D'accomplir noſtre Hymen quand il l'euſt deffendu,
[68] Il ue faut pas douter qu'il ne me ſollicite,
Me preſſe, & me tourmente, a fin que ie vous quitte:
Mais que vif aux Enfers ie ſois precipité,
Si iamais ie conſens à ceſte laſcheté.

Sophoniſbe.

Que ie perde plutoſt la lumiere celeſte,
Que de voir mon amour vous deuenir funeſte.
Non, non, ſi Scipion, comme on n'en doute point,
Veut ſeparer en nous ce que l'Hymen a joint,
Il faut que vous faſsiez toute choſe poſsible,
Pour vaincre la rigueur de ce cœur inſenſible:
Que ſi rien ne le peut, ie vous demande au moins,
Au nom de tous les Dieux de nos nopces teſmoins,
Et par la pureté de l'Amour coniugale,
De conſeruer en moy la dignité Royale.
En fin ie vous coniure autant que ie le puis,
De vous bien ſouuenir de ce que ie vous ſuis.
Ne ſouffrez pas qu'vn iour voſtre femme enchainée,
Soit dans vn Capitole en triomphe menée.
Ie ne vous parle plus comme hier ie vous parlois,
En vefue de Syphax, & ſuiette à vos lois;
Ie ſçay bien que le nœud qui nos ames aſſemble,
Confond pareillement nos intereſts enſemble;
[69] Que vous deuez ſouffrir des maux qu'on me ſera,
Et que c'eſt de tous deux que l'on triomphera.

Maſsiniſſe.

I'ay pour vo9 trop d'amour, pour moy trop de courage,
Pour ſouffrir, ſans me perdre, vn ſi ſenſible outrage:
Mais on n'en viendra pas à ceſte extremité;

Sophoniſbe.

Ie connoy Scipion, & ſa ſeuerité.

Maſsiniſſe.

Ie vous donne ma foy que quoy qu'il en arriue,
Rome ne verra point Sophoniſbe captiue.

Sophoniſbe.

Me le promettez-vous?

Maſsiniſſe.

Oüy ie vous le promets.

Sophoniſbe.

Allons donc, mon esprit eſt content deſormais.

---

[70]

ACTE IIII.

SCENE II.

SCIPION. LELIE.

Scipion.

MAIS vous, qui par vn lõg & familier vſage
Vous deuez mieux connoiſtre en cét esprit volage,
Quel remede à ſon mal vous ſemble le plus ſeur!
Eſt-ce la violence, ou ſi c'eſt la douceur?
Et duquel maintenant faut-il que ie me ſerue?

Lelie.

L'vn perd ſouuente fois ce que l'autre conſerue:
Ie croy que le dernier y fera plus que tout;

Scipion.

Et moy, que le premier en viendra mieux à bout.

Lelie.

La douceur neantmoins eſt le meilleur dictame,
Que l'on puiſſe appliquer aux maux d'vne belle ame.

[71] Scipion.

Mais quand vne belle ame a perdu la raiſon,
Ce remede eſt ſans force, ou n'eſt plus de ſaiſon;
Ce qu'a faict Maſsiniſſe eſt ſi deſraiſonnable,
Qu'à peine mon eſprit le treuue imaginable;
Et marque en ſa raiſon vn tel deſreiglement,
Qu'il porte ſon excuſe en ſon aueuglement:
Loin de s'imaginer que ſans beaucoup de peine,
On tire ce Pâris du ſein de ſon Helene;
Ie crains que cét Hymen augmentant ſa fureur,
Ne luy faſſe plus outre eſte(i)ndre ſon erreur;
Et que le meſme esprit qui le fit entreprendre,
Ne porte ſa manie à le vouloir deffendre.
En ce cas nous voyons à quelle extremité
Ceſte funeſte Amour l'auroit precipité.
Mais le voicy venir, triſte, & ſans contenance;
Eſſayons la douceur auant la violence.
Ie treuue cependant qu'il ſeroit à propos,
Et pour noſtre conduite, & pour nostre repos,
D'aller prendre nous-meſme, & le temps & la peine;
Que nos gardes ſans bruit s'aſſeurent de la Reine.

[72] ACTE IV.

SCENE III.

MASSINISSE. SCIPION.

Scipion.

ET bien, cher Maſsiniſſe, eſt-il ſous le Soleil
Vn Roy dont le bō-heur ſoit au voſtre pareil?
Quoy? bons Dieux! dans le cours d'vne meſme iournée
Recouurer vn Royaume, & faire vne Hymenée?

Pour moy ie ne crois pas que ſans enchantement,
On puiſſe aller plus loing, & plus legerement.
Certes quand le recit de toutes ces merueilles,
De Lelie & de moy vint frapper les oreilles,
Tous deux pouſſez pour vous d'vne meſme amitié;
O grands Dieux! diſmes-nous, c'eſt trop de la moitié.
En effect vous pouuiez, ſans ternir voſtre gloire,
Vous contenter pour lors de la ſeule victoire.
[73] Il n'eſtoit pas beſoin de faire en meſme temps,
Deux exploits ſi fameux, & ſi fort importans:
Mais peut-eſtre eſt-ce vn bruit qui court à l'auãture,
Et que toute vne armée a creu par conjecture.
De moy mon iugement iuſqu'icy ſuſpendu,
Ne conceura iamais cét Hymen pretendu,
Que la confeſsion qu'en fait la Renommée,
Par voſtre propre adueu ne me ſoit confirmée.
Oſtez nous donc de doute, & faites s'il vous plaiſt,
Que nous ſçachions de vous la choſe comme elle eſt.

Maſsiniſſe.

Icy le ſens commun ne veut pas que ie cache,
Ce qu'il faut auſsi-bien que tout le monde ſçache;
Et la terre & le Ciel exigent mon adueu,
Sur vn miſtere ſainct, que l'vn & l'autre a veu.
En fin i'abuſerois de vostre patience,
Si ie vous en parlois contre ma conſcience.
Il eſt vray, Scipion, que Sophoniſbe & moy
Auons pris & donné la coniugale foy,
Et nous ſommes liez d'vne cheſne ſi ſaincte,
Qu'on ne ſçauroit ſans crime en deffaire l'estrainte.
Ie voy bien que deſia vostre ſeuerité,
Condamne mon amour & ma legereté.
[74] Dautãt mieux que vostre ame eſt encore à conneſtre,
Ce qu'il peut ſur vn cœur dont il s'eſt rendu maiſtre:
Auſsi dans mon malheur ie ſerois trop heureux,
Si i'auois vn Cenſeur autrefois amoureux:
Mais ayant au contraire vn Scipion pour Iuge,
Quel ſera mon espoir? où ſera mon refuge?

Et de quelles raiſons me faudra-t'il vſer,
S'il n'a iamais connu ce qui peut m'excuſer?
S'il ignore d'amour la puiſſance ſupreſme,
Qui ſeule a fait ma faute, & l'excuſe elle-meſme;
Et quelle grace en fin puis-ie attendre de luy,
Si par ſes ſentimens il iuge ceux d'autruy?

Scipion.

Il eſt vray que touſiours i'ay gardé ma franchiſe,
De ſe prendre aux filets où la voſtre s'eſt priſe,
Et touſiours eſuité ces folles paſsions,
Comme vn chemin contraire aux belles actions.
Ce n'eſt pas que mon ſein ſouſtienne vn cœur de roche,
Impenetrable aux traicts que l'amour nous deſcoche:
La main qui fit le voſtre a fait le mien auſsi,
Et la ſeule vertu me le rend endurcy.
C'eſt auec ce bouclier qu'il falloit ſe deffendre,
Et mon exemple ſeul vous le deuoit apprendre.
[75] Ha! mon cher Maſsiniſſe, il falloit en effect,
Vous deffendre vn peu mieux que vous n'auez pas fait.
Ie ſçay que dés long-temps les Hiſtoires ſont pleines
Des transports amoureux des meilleurs Capitaines;
Mais où trouuera-t'on que les plus ſignalez
Puiſſent eſtre en fureur aux voſtres eſgalez?
Maſsiniſſe en vn iour, voit, ayme, et ſe marie,
A-t'on iamais parlé d'vne telle furie?
Bien plus, l'aueuglement de ſa raiſon eſt tel,
Qu'il entre dans le lict d'vn ennemy mortel,
D'vn Syphax, d'vn tyran, de qui l'injuſte eſpée
A ſur ſon pere mort la couronne vſurpée:
Certes ſi pour vanger la mort de nos parens,
Il falloit espouſer les veſues des tyrans,
Les voſtres qu'il perdit, ont toute l'allegeance
Qu'ils pourroient deſirer d'vne telle vengeance.
Il eſt vray que chacun en ſon propre intereſt
Se rend compte à ſoy-meſme, & fait cõme il luy plaiſt;
Et par ceſte raiſon vous auez creu poſsible,
Qu'en cette affaire-cy tout vous eſtoit loiſible:

Mais à mon iugement il eſt bien mal-aiſé,
Que le voſtre en ce poinct ne ſe ſoit abuſé.
Peut-eſtre croyez-vous que par cét Hymenée,
Sophoniſbe ſoit voſtre, & qui vous l'a donnée?
[76] Par quelle authorité prenez vous le butin,
Qui doit appartenir à l'Empire Latin?
Ne ſçauez-vous pas bien que c'eſt là ſon partage,
Et qu'il vous reſtablit dedans voſtre heritage?
Par le congé de qui l'auez-vous entrepris?
Non, non, noſtre Allié, rapellez vos eſprits,
La plus courte fureur eſt touſiours la meilleure:
Quittez donc Sophoniſbe, & la rendez ſur l'heure;
C'eſt par là ſeulement que vous ſeront rendus
Le repos et l'honneur, que vous auez perdus.

Maſsiniſſe.

Quel hõneur, ô grands Dieux! & quel repos en l'ame
Peut auoir vn mary d'abandonner ſa fẽme?

Scipion.

N'ayant pû l'eſpouſer, puis qu'ell' eſtoit à nous,
Ce mariage eſt nul au iugement de tous.

Maſsiniſſe.

Et la force & le droict veulent que ie la rende;
Elle eſt voſtre, il eſt vray, mais ie vous la demande.

Scipion.

Ie ferois vne faute indigne de pardon,
Si ie vous octroyois vn ſi funeſte don.
[77] Accorder ce preſent à l'ardeur qui vous brûle,
Ce ſeroit vous donner la chemiſe d'Hercule.

Maſsiniſſe.

S'il m'eſt icy permis de vous rendre preſens
Les ſeruices rendus dés mes plus ieunes ans;
Et ſi dans le paſſé ie puis auſsi comprendre,
Tous ceux qu'à l'aduenir ie deſire vous rendre;
Ma triſteſſe auiourd'huy vous coniure par eux,
De ne me rauir pas ce ſalaire amoureux.

Non que toute ma vie en ſeruices paſsée,
Ne fuſt trop dignement deſia recompenſée:
Mais à quoy tant d'honneur & de biens ſuperflus,
Si l'on m'oſte celuy que i'eſtime le plus?
Ie ſçay que demandant la choſe qu'on me nie,
Ie demande vn threſor de valeur infinie;
Auſsi n'appartient-il qu'aux Romains ſeulement,
De m'accorder vn don qui vaille infiniment.
Faictes-moy donc encor cette derniere grace,
Par ces mains que ie baiſe, & ces pieds que i'ẽbraſſe.

Scipion.

Leuez-vous, Maſsiniſſe, et vous reſſouuenez,
De conſeruer l'honneur du rang que vous tenez:
[78] Oüy, comme vostre amy, qui plains voſtre infortune,
Ie vous accorde tout, ſans difference aucune,
Mais d'autre part auſsi, comme vostre Empereur,
Qui plains & blaſme en vous cette aueugle fureur,
Pour la derniere fois il faut que ie vous nie
Ce qu'exige de moy vostre mauuais Genie:
Les raiſons que i'en ay ſont de tel intereſt,
Que rien ne peut changer cét immuable arrest,
Neceſſaire au ſalut de la choſe publique:

Maſsiniſſe.

O mortelle ſentence! ô decret tyrannique!
Quoy donc de tant de coups mon eſtomac ouuert,
Et tout mon triste corps de bleſſures couuert,
Dont vous fustes iadis le teſmoin oculaire,
Ne pourront m'obtenir vn plus digne ſalaire?
M'a-t'on veu tant de fois vne picque à la main,
Soustenir la grandeur de l'Empire Romain,
Pour me voir maintenant demander auec larmes,
Ce que i'ay merité par le ſang & les armes?
Mais celuy qui le vit en fait ſi peu de cas,
Qu'il eſt à preſumer qu'il ne s'en ſouuient pas.
Montrez, montrez-vous donc mes bleſſures fermées,
Vaines marques d'honneur par le fer imprimées;

[79] Telles, s'il ſe pouuoit, que vous eſtiez alors
Que vous fiſtes tomber ce miſerable corps:
Voyez ſi vous changeant en de ſanglantes bouches,
Vous n'adoucirez point ſes ſentimens farouches.
O Dieux! rien ne l'eſmeut, ô cœur ſans amitié,
Et ſourd à la priere, & ſourd à la pitié!

Icy il se pourmene ſans rien dire.

Scipion.

Laiſſons-le vn peu nager dans la melancholie,
Et nous ſeruons apres de l'eſprit de Lelie.
Bon, il vient à propos. —

---

[80] ACTE IV.

SCENE IV.

Lelie.

Et bien, ſe rend-il pas?

Scipion.

Vous voyez comme il reſue, et chemine à grands pas:
Adieu, ie vous le laiſſe, eſſayez ie vous prie,
De calmer doucement les flots de ſa furie:
Comme il eſt violent, il pourroit s'emporter,
Et moy ie feray mieux de ne pas l'eſcouter.

Il rentre.

Maſsiniſſe.

Non ie n'en feray rien, la choſe eſt reſoluë;
Ou l'on m'y contraindra de puiſſance abſoluë.

[81] **Lelie.**

Ces mots interrompus de ſouſpirs redoublez,
Montrent qu'il a les ſens extremement troublez;
Les tragiques penſers où ie voy qu'il ſe plonge,
Irritent ſa fureur, & l'ennuy qui le ronge:
C'eſt pourquoy de bonne heure il faut l'en diuertir;
Et quoy?

Mafsiniffe.

Non, Scipion, ie n'y puis confentir.

Lelie.

L'excez de fa douleur l'aueugle, & le tranfporte.
Quoy, vous mefconnoiffez vos amis de la forte?

Mafsiniffe.

Ha! Lelie, il eft vray que ie croyois parler
A cét inexorable.

Lelie.

Il vient de s'en aller,
Qui plaint voftre aduanture.

[82] **Mafsiniffe.**

O ridicule chofe!
Il plaint mon aduanture, & c'eft luy qui la caufe.
Ha! qu'vn parfait amy fe treuue rarement!

Lelie.

Croyez que Scipion vous ayme affeurément:
Il vous ayme, & fur tout c'eft en cefte rencontre,
Que pour voftre falut fon amitié fe monftre.
Confiderez de grace, & fans vous emporter,
Quel eft le grand threfor qu'il voudroit vous ofter:
C'eft la vefue d'vn Roy, qui cent fois en fa vie
A par cent cruautez la voftre pourfuiuie,
Employant contre vous le fer et le poifon,
Apres auoir deftruit toute voftre maifon.
Pour elle, à ce qu'on dit, c'eft vne belle chofe:
Mais voyons fon esprit, & les maux qu'elle caufe.
Auant que le poifon de fes regards charmans,
Eut mis le vieux Syphax au rang de fes amans,
Ce Prince eftoit-il pas, ofté la perfidie,
Le plus grand que iamais ait veu la Numidie?
Et dés qu'ils furent joints par le nœud coniugal,
Fut-il iamais mal-heur à fon mal-heur égal?
[83] Elle ne ceffa point, que pour plaire à fa hayne,
Il n'euft abandonné la puiffance Romaine;

Et par ceſte imprudence, à ſa perte animé,
Ceux qu'il ayma iadis, et dont il fut aymé.
O vous dont la vertu, le cœur, & la vaillance,
Sont le plus cher obiect de noſtre bien-veïllance;
Voyez ſi ſans ſujet nous craignons auiourd'huy,
Que le meſme rocher ne vous perde auec luy.

Maſsiniſſe.

Croyez, mon cher Lelie, auecque certitude,
Que ſur tous actes noirs ie hay l'ingratitude;
Et qu'il n'eſt ny beauté, ny coniugale loy,
Qui m'eſloigne iamais de ce que ie vous doy.
Ie tiens tout du Senat, & ſçay quel aduantage
A l'Empire Romain ſur celuy de Cartage:
Non, non, cher Confident, aſſeurez Scipion
De la ſincerité de mon affection;
Dites-luy que iamais ceſte innocente Reyne
Ne me diuertira de l'amitié Romaine,
Qu'on oſtera plutoſt les feux du firmament;
Enfin qu'il ait pitié d'vn miſerable amant.
[84] Taſchez de m'adoucir ce courage inſenſible,
Ie n'eſpere qu'en vous;

Lelie.

I'y feray mon poſsible.

Pauure esprit aueuglé, qui ne reconnois pas,
Que l'amour te ſeduit auec ſes faux appas!
Certes ie plains ton ſort, quoy qu'en cét Hymenée
Ton obſtination faſſe ta deſtinée.

Fin du 4. Acte.

[85] LA

SOPHONISBE,

TRAGEDIE DE MAIRET.

ACTE V.

SCENE I.

Maſsiniſſe.

QVE les Dieux tous parfaicts de nature qu'ils ſont,
Teſmoignent d'inconſtãce aux preſents qu'ils nous font !
Qu'il est aysé de voir au mal-heur de ma vie,
Que nos prosperitez leur cauſent de l'enuie,
[86] Et qu'ils ne donnent point vn plaiſir ſans douleur,
De peur qu'vn bien entier ne ſoit ſemblable au leur:
En vain dans le deſtin des affaires humaines,
D'autres ſe promettront des voluptez certaines,
Si ie monſtre auiourd'huy que le meſme Soleil,
Qui vit hier mon bon-heur à nul autre pareil,
Comme deſia ſon char s'alloit cacher ſous l'onde,
Me treuue à ſon retour le plus triſte du monde.
Que me ſert la puiſſance & le tiltre de Roy,
Si dans mon propre Eſtat on me donne la loy?
Que me ſert le Laurier qui me couure la teſte,
S'il ne peut empeſcher la prochaine tempeſte,

Dont s'en va foudroyer ma gloire & mes plaiſirs
Ce mortel ennemy des amoureux deſirs;
Ce naturel chagrin, qui n'aymant rien luy-meſme,
Ne ſçauroit approuuer ny ſouffrir que l'on ayme:
Enfin, de quoy me ſert l'audace & la valeur,
Si i'ay les bras liez en ce dernier mal-heur?
Helas! ſi ce threſor de beautez & de charmes,
Comme ie l'ay gaigné par la force des armes,
Par les armes auſsi ſe pouuoit conſeruer.
Que ne ferois-je point a fin de le ſauuer?
S'il me falloit dompter le monſtre d'Andromede,
Mon malheur en ma main treuueroit ſon remede:
[87] S'il me falloit encor aller contre les morts,
Sur les pas d'vn Hercule, eſprouuer mes efforts;
Et l'arracher des fers comme vn autre Theſée,
Mon Amour me rendroit ceſte entrepriſe ayſée.
Mais ayant à combatre vn monſtre renaiſſant,
Vne fiere Harpie, vn Aigle rauiſſant,
De qui le vol s'eſtend par tout noſtre hemiſphere,
Que pourrois-ie entreprẽdre? ou que pourrois-ie faire
Qui n'excedaſt l'effort & le pouuoir humain?
Forceray-ie moy ſeul tout vn peuple Romain?
Ou feray-ie moy ſeul ce qu'en ſeize ans de guerre,
N'a pû faire Hannibal, ny par mer ny par terre?
Non, non, ma Sophoniſbe, il n'y faut plus penſer,
Noſtre Sort n'eſt pas tel qu'on le puiſſe forcer:
C'eſt la ſeule douceur qui vous peut rendre mienne,
Hors cela, mon eſpoir n'a rien qui le ſouſtienne:
Poſsible que Lelie aura mieux reüſsy
Que ie n'oſe eſperer. O grands Dieux! le voicy,
Qui me vient prononcer ma derniere ſentence:
Sus, mon cœur à ce coup arme toy de conſtance.

[88]

ACTE V.

SCENE II.

LELIE. MASSINISSE.

Maſsiniſſe.

ET bien, mon cher Lelie, irons-nous à la mort?
Venez-vous m'annoncer le naufrage ou le port?

Lelie.

Sire, c'eſt à regret que ie ſuis le miniſtre,
Et le triste porteur d'vn mandement ſiniſtre;
I'ay charge de vous dire, & de vous ordonner,
De rendre Sophoniſbe, ou de l'abandonner,
Comme choſe au public vtile & neceſſaire,
Aduiſez maintenant ce que vous voulez faire?

Maſsiniſſe.

Me perdre, & par ma mort aprendre à tous les Rois
A ne ſuiure iamais ny vos mœurs, ny vos lois,
[89] Cruels, qui ſous le nom de la choſe publique,
Vſez impunément d'vn pouuoir tyrannique;
Et qui pour teſmoigner que tout vous eſt permis,
Traictez vos Alliez comme vos ennemis.

Lelie.

Ne luy repliquons rien, que toutes ces fumées
En ſemblables tranſports ne ſe ſoient conſumées;
La fureur diminuë à force de parler:

Maſsiniſſe.

Ha! que ſi le paſsé ſe pouuoit r'apeller,
Ie m'empeſcherois bien de ſeruir de matiere,
A la ſeuerité de ton humeur altiere;
Peuple vain, qui croirois n'auoir pas triomphé,
A moins d'vn pauure Roy ſous ſes fers eſtouffé.
C'eſt par ceſte raiſon, ou publique, ou priuée,
(Puis qu'vn particulier l'a poſsible treuuée)

Que de force absoluë on me fait rendre vn bien,
Sans le quel ie ne veux, ny n'espere plus rien.
Oüy, Lelie, il importe à la gloire d'vn homme,
Que ma femme elle-mesme aille esclaue dans Rome;
Et que sa vanité seule semblable à soy,
Triomphe à mesme temps de Syphax & de moy.
O bien-heureux vieillard dont la trame est finie
Sur le poinct qu'il tomboit sous vostre tyrannie!
[90] Et moy tres-mal-heureux d'esprouuer à present,
Cõbien mesme aux vainqueurs vostre ioug est pesant.
Qu'il s'en saisisse donc, qu'il l'enleue & l'entraine,
Ceste desesperée & pitoyable Reyne;
Il faut que son triomphe ayt tout son ornement:
Ie n'y contredis plus, ie l'ay fait vainement:
Suffit, si ie ne puis y faire plus d'obstacle,
Que ma mort preuiendra cét indigne spectacle.

Lelie.

Il luy faut pardonner ces violans transports:
Mais parlons maintenant, qu'il a tout mis dehors.
Sire, si vous pouuiez à force d'inuectiues,
Rendre vos pafsions & vos douleurs moins viues,
Ie vous conseillerois de les continuër,
Tant que vostre souffrance en pût diminuër.
Descriez deuant moy le ioug de nostre Empire,
I'y consens, & diray qu'il est encore pire:
Mais ie ne puis souffrir que vous blasmiez à tort
Vn homme qui vous plaint, & vous ayme si fort;
Et dont l'ambition n'est pas si desreglée,
Que vous la conceuez en vostre ame aueuglée.
Vous sçauez, & le temps vous y fera songer,
La raison qui l'oblige à vous desobliger.
[91] Ie ne la diray point, vous l'ayant desia dite;
C'est pourquoy iugez mieux d'vn si rare merite,
Que de vous figurer que pour sa vanité,
Il voulut vous traicter auec indignité.
Il cognoist vostre cœur, il en fait trop de conte;
Bref, il vous ayme trop pour chercher vostre honte:

Il ne veut rien de vous, ſinon que vous rendiez
Celle qui vous perdroit, ſi vous ne la perdiez;
Et pour l'amour de vous & de voſtre Hymenée,
Elle ne ſera point en triomphe menée.

Maſsiniſſe.

A quoy donc Scipion la veut-il deſtiner?

Lelie.

C'eſt à vous maintenant à vous l'imaginer.
Vous ſçauez du Senat l'ordonnance derniere;
Par laquelle arriuant qu'elle fût priſonniere,
Il nous eſt à tous deux expreſsément enjoint,
De l'enuoyer à Rome, & de n'y manquer point:
Regardez maintenant ſi vous auez enuie
De luy ſauuer l'honneur aux deſpens de la vie;
Et ne vous plaignez plus, puis qu'à bien diſcourir,
Voſtre amy luy fait grace, en la laiſſant mourir.

[92] **Maſsiniſſe.**

Quelle grace, ô bons Dieux!

Lelie.

C'eſt pourtant la plus grande
Qui ſe puiſſe accorder, & que le temps demande.
Sire, releuant donc voſtre esprit abbatu,
D'vne neceſsite faictes vne vertu.

Maſsiniſſe.

Helas! quelle vertu voulez-vous que ie faſſe,
Qui ne ſoit ridicule, & de mauuaiſe grace?
Voulez-vous que ie montre vn viſage ſerain?
Rendray-ie encore grace au Iuge ſouuerain,
De qui l'arreſt ſanglant a conclu ma ruyne,
Ou ſi ie baiſeray le bras qui m'aſſaſsine?

Lelie.

La plus haute vertu qu'on exige de vous,
C'eſt de ſouffrir vn mal qui nous afflige tous.

Maſsiniſſe.

Il faut bien le ſouffrir, puis que mon impuiſſance:

Lelie.

Ie veux dire ſouffrir auecque patience,
[93] En vous repreſentant que par ceſte action,
Vous gaignez vn laurier ſur voſtre paſsion,
Que Romme, le Senat, & toute l'Italie,
A qui d'oreſnauant voſtre Sceptre s'allie,
Si vous prenez pour eux ceſte fortune en gré,
Vous cheriront encor en vn plus haut degré.
Regardez, s'il vous plaiſt, vos dernieres conqueſtes,
Le trouble où vous eſtiez, & le calme où vous eſtes;
Ne m'auoüerez-vous pas que vous ſeriez ingrat,
Et point ou peu ſoigneux du bien de voſtre Eſtat,
Si vous nous obligiez par quelque violence,
A retrancher pour vous de noſtre bien-veïllance:
Quel malheur & pour vo⁹ & pour tous les Romains,
S'il leur falloit deffaire auec leurs propres mains,
Leur plus conſiderable & plus parlait ouurage?
Mais poſons qu'en cecy le Senat vous outrage,
Quoy, pour vn deſplaiſir qu'il vous fait auiourd'huy,
Perdra-t'il cent bien — faits que vous tenez de luy?
Ne condamnez donc point auecque vos murmures
Ny nos mœurs, ny nos loix.

Maſsiniſſe.

O Dieux qu'elles ſont dures!
En effet il eſt vray, ie ſerois plus qu'ingrat,
Si ie ne reſpondois aux biens-faits du Senat:
[94] Mais ie ſerois moins qu'hõme, ou biẽ plus que barbare,
Si ie ne fremiſſois du mal qu'on me prepare:
Et bien n'en parlons plus, m'y voilà reſolu,
Il faut bien le vouloir, quand Rome l'a voulu.
O mary deplorable! O mal-heureuſe fãme!

Lelie.

Sire, n'y ſongez plus.

Maſsiniſſe.

Arrachez-moy donc l'ame;
Quoy qu'en vain, car encore on m'y verra ſonger
Au milieu des Enfers:

Lelie.

Que veut ce Meſſager?
C'eſt infailliblement la Reyne qui l'enuoye,
Il faut bien empeſcher qu'elle ne le reuoye.

---

[95] ACTE V.

SCENE III.

Meſsager.

SIRE, quand vous lirez le papier que voicy,
Vous ſçauez le ſuject pourquoy ie ſuis icy.

Lettre de Sophoniſbe.

SI rien ne peut flechir la rigueur obſtinée
De ceux que mon courage a fait mes ennemis,
Plutoſt qu'eſtre captiue en triomphe menée,
Donnez-moy le preſent que vous m'auez promis.

Maſsiniſſe.

Oüy, ie ſuis obligé de tenir ma promeſſe,
Ie vay vous le porter; puis que l'heure me preſſe,
Et que la ſeule mort peut finir voſtre ennuy:

Lelie.

Sire, ne le donnez que par la main d'autruy.
[96] Vos maux en la voyant s'augmenteront,

Maſsiniſſe.

N'importe.

Lelie.

Croyez-moy.

Maſsiniſſe.

Non, Lelie, il faut que ie le porte.

Lelie.

Vous ne le ferez pas, ce n'eſt que temps perdu:

Maſsiniſſe.

Et pourquoy?

Lelie.

C'est vn poinct qu'on vous a deffendu,
De peur que cette veuë accreut voſtre ſupplice.

Maſsiniſſe.

Bien donc, que de tout poinct mon Deſtin s'accõpliſſe:
Tu le vois, mon amy, qu'auec tout mon pouuoir,
Il ne m'est pas permis ſeulement de la voir.
O Dieux! ſouffrirez-vous qu'vne iniuſte puiſſance,
Regne ſur vos enfans auec tant de licence?

[97] **Lelie.**

Ce violent eſprit s'eſchape à tout moment,
Certes il eſt à plaindre en ſon aueuglement.
Ie crains quelque reuolte en ſon ame agitée,
Le voila qui rumine.

Maſsiniſſe.

La pierre en eſt iettée;
Mon amy vien querir ce funeſte preſent,
Allons, Lelie, allons, vous y ſerez preſent.

---

[98]

ACTE V.

SCENE IV.

SOPHONISBE. CORISBÉ. PHENICE.

Phenice.

MADAME, voſtre humeur craintiue, & ſoucieuſe,
A vous inquieter eſt trop ingenieuſe.
Le moindre objet vous trouble; vn ſonge, vne vapeur,
Vn corbeau qui croaſſe, enfin tout vous fait peur.

Sophonifbe.

Phenice, croyez-moy, ie fuis venüe aux termes,
Où doiuent s'efbranler les esprits les plus fermes:
Le mal-heur qui m'attend eft fi prodigieux,
Les fignes que i'en ay font fi prefagieux,
Et tous fi clairement marquent ma deftinnée,
Que vous qui m'affeurez en ferez eftonnée.
Vous fçauez qu'hier au foir lors qu'Hymen nous joignit,
Par deux diuerfes fois fon flambeau s'efteignit,
[99] Que mefme à ce matin vne brebis frapée,
S'eft de la main du Preftre & du Temple efchapée,
Et qu'eftant ramenée auec le coup mortel,
La foudre a confumé la victime & l'autel.
Deux funeftes oyfeaux dans l'horreur des tenebres,
Ont troublé mon repos auec leur cris funebres:
Encore auiourd'huy mefme au leuer du Soleil,
Vn fonge espouuentable a caufé mon refueil.
Du mal-heureux Syphax l'image enfanglantée,
Auec ces triftes mots à moy s'eft prefentée.
Ingrate, ie reuiens de l'eternelle nuict,
Pour t'affeurer encor du mal-heur qui te fuit:
D'vn mary mesprisé le courroux legitime,
Te demande aux Enfers, où t'apelle ton crime:
Adieu, tes voluptez feront naufrage au port,
Ie te l'ay dit viuant, & ie te le dy mort.
Là certes le fommeil à la crainte a fait place,
Et ie me fuis treuuée aufsi froide que glace:
Puis embraffant le Roy, par vn contraire effet,
La peur a fait en moy ce que l'Amour euft fait.

Corifbé.

Il eft vray qu'apres tout voila des pronoftiques,
Qui font auant-coureurs d'auantures tragiques:
[100] Mais le Pere des Dieux à qui tout eft permis,
En deftourne l'effect deffus nos ennemis.

Sophonifbe.

Ce qui me met en peine auec plus d'apparence,
C'eft l'extreme longueur de cefte conference:

Le Roy doresnauant met trop à reuenir,
Pour croire auec raifon, qu'il ait pû m'obtenir:
Mais voicy de retour celuy par qui la vie
Me fera conferuée, ou me fera rauie.

---

[101] ACTE V.

SCENE V.

Mefsager.

QVE ie fuis mal-heureux de feruir d'inftrument,
A la fureur du Sort!

Sophonifbe.

Auancez hardiment:
Monftrez-moy ce papier, donnez-moy ce breuuage,
Par où i'euiteray la honte du feruage.

LETTRE DE MASSINISSE,
A SOPHONISBE.

PVis qu'il faut obeyr à la neceffité,
Receuez de ma part cefte coupe funefte,
De tant de biens que i'eus, c'eft le feul qui me refte,
Et le dernier tefmoin de ma fidelité.

[102] O Dieux! que ce prefent m'apporteroit de joye,
Si ie pouuois baifer la main qui me l'enuoye!
Dictes, Caliodore, et ne me trompez point,
Auez-vous obferué ce qui vous fut enjoint?

Caliodore.

Madame, en le voyant vous auoûriez vous mefme,
Qu'ainfi que fon amour fa douleur eft extreme:
La couleur du trespas dont fon vifage eft peint,
Monftre de quel ennuy fon efprit eft atteint.
Mon amy, m'a-t'il dit, va-t'en dire à Madame,
Que Romme ne veut pas qu'elle viue ma fâme,

Et que c'eſt ſa vertu qu'on ne ſçauroit ſouffrir,
Qui fournit le poiſon que tu luy vas offrir.
Il porte dans le cœur vne mort ſi ſoudaine,
Que preſque en vn inſtant il acheue ſa peine.
Apres en m'embraſſant, & me parlant tout bas,
A fin que les Romains ne l'entendiſſent pas;
Iure-luy, m'a-t'il dit, que la main de la Parque
M'euſt pouſsé le premier dans la fatale barque,
N'eſtoit qu'apres ma mort nos communs ennemis
Perdroient le ſouuenir de ce qu'ils m'ont promis.
Qu'elle s'aſſeure donc, qu'vn treſpas digne d'elle,
Luy prouuera dans peu que ie luy ſuis fidelle.
[103] Auec ces derniers mots il s'eſt eſuanoüy;

Coriſbé.

O de parfaicte amour teſmoignage inoüy!

Phenice.

O barbares Romains! ô Ciel impitoyable!

Sophoniſbe.

En fin voicy l'effet de mon ſonge effroyable:
Vous voyez maintenant que ce n'eſt pas à tort,
Que ie prenois pour moy tous ces ſignes de mort.
Mais il m'eſt auſsi doux de mourir que de viure,
Puiſque mon Maſsiniſſe a iuré de me ſuiure.
Monſtre donc, cher Espoux, ta conſtance & ta foy,
Et ne differe pas vn inſtant apres moy.
Oüy, pour trop te cherir ie te ſuis inhumaine,
Tant i'ay peur que peut-eſtre, vne Dame Romaine,
Par l'ordre des Romains, mes tyrans & les tiens,
Ne prenne aupres de toy la place que i'y tiens.
Coriſbé ie vous prie, & vous auſsi Phenice,
De me faire vn plaiſir auant que ie finiſſe,
Me l'accorderez-vous?

[104] **Coriſbé.**

He! Madame, parlez:
Commandez ſeulement — — —

Sophonifbe.

— — — Puis que vous le voulez;
Ie vous commande donc comme voftre Maiftreffe,
De contenir fi bien la douleur qui vous preffe,
Que vos pleurs ny vos cris ne deshonorent pas
La gloire qui doit fuiure vn fi noble trefpas.
N'eft-ce point à mes iours vne gloire affez grande,
Que tous obfcurs qu'ils font Rome les apprehende?
Nos vainqueurs font vaincus, fi nous leur tefmoignons,
Qu'ils nous craignent bien plus que nous ne les craignons.
Sus donc ne perdons plus en difcours infertiles,
Le temps qu'il faut donner aux effets plus vtiles.
Déliurons les Romains de la peur, & du mal,
Que leur pourroit caufer la fille d'Afdrubal.

Elle auale le poifon:

Phenice.

O Dieux! c'eft maintenant que nous fommes perduës!

Sophonifbe.

Certes fi les Romains vous auoient entenduës,
[105] Ils auroient bien raifon de penfer à ce coup,
Que les maux qu'ils nous font nous affligent beaucoup.
Non, non, tefmoignons-leur que s'ils n'ont riẽ de pire,
Nous n'auons pas fujet de craindre leur Empire,
Et leur oftons par là le plaifir & l'orgueil,
Qui les tranfporteroient, s'ils fçauoient noftre dueil.
Mais la Parque dans peu me fermera la bouche;
Mes filles aydez-moy, portez-moy fur ma couche.
Et que ie meure au moins deffus le mefme lict,
Où mon funefte Hymen hier au foir s'accomplit.

ACTE V.

SCENE VI.

SCIPION. MASSINISSE. LELIE.

Scipion.

IL eſt vray qu'en cecy voſtre conſtance eſt telle,
Qu'on la doit courōner d'vne gloire immortelle;
Auſsi ne doutez pas que Rome, & le Senat,
N'en faſſent quelque iour vn merueilleux eſtat.
Sophoniſbe n'eſt pas la derniere des fâmes,
Aſſez d'autres encor ſont dignes de vos flames.
[106] Quand voſtre iugement ſe ſera reconnu,
Vous benirez le mal qui vous eſt aduenu,
Si l'on peut dire mal vn fortuné veufuage,
Que ie n'ay ſouhaitté que pour voſtre aduantage.

Maſsiniſſe.

O Dieux, quel aduantage!

Scipion.

En vne autre ſaiſon.
Vous en connoiſtrez mieux la ſuite, & la raiſon:
Lelie à mon aduis vous les a fait comprendre,
Dans la charge & le ſoin qu'il en a voulu prendre;
Au moins ſi vos tranſports ne me ſont point douter,
Qu'il ayt pû vous les dire, & vous les eſcouter.

Lelie.

Seigneur, par ſa froideur, & par ſa retenuë,
On voit que ſa raiſon eſt vn peu reuenuë;
Et ie ne doute point qu'il ne confeſſe vn iour,
A quel poinct de mal-heur l'eût porté cette amour,
Et qu'on n'a trauaillé que pour ſa ſeule gloire:
Auſsi deuez-vous, Sire, en perdre la memoire,
Bannir ces noirs ſoucis, vous diuertir ailleurs,
Et donner vos penſers à des objects meilleurs.

[107] **Scipion.**

La cheute de Syphax vous laiſſe vne matiere,
Capable d'exercer vne ame toute entiere.
Vn Royaume nouueau fournit aſſez de quoy
Occuper le loiſir, & l'eſprit de ſon Roy.
C'eſt à ſi digne employ que voſtre ame occupée,
Se guerira dans peu du traict qui l'a frappée,
Et que Lelie & moy vous verrons cenſurer
L'aueugle paſſion qui vous faict murmurer.

Maſsiniſſe.

Ie vous tromperay-bien auant que le iour paſſe.

---

[108]

A C T E V.

SCENE VII.

Caliodore.

O Conſtance incroyable! ô mortelle diſgrace!

Maſsiniſſe.

Ha Dieux! la Reyne eſt morte!

Caliodore.

Oüy, Sire, c'en eſt faict:
Helas! iamais poiſon n'eut vn ſi prompt effect.

Maſsiniſſe.

Et bien, mes Souuerains, aurez-vous agreable,
Que n'ayant pû la voir en ſa fin lamentable,
Nous la faſsions au moins apporter deuant nous?
Oüy, vous en trouuerez le ſpectacle ſi dous:
Il eſt ſi neceſſaire au bien de voſtre Empire,
Que i'obtiens ma demande.

Scipion.

Il faut le laiſſer dire.

[109] **Maſsiniſſe.**

Voyons donc ce threſor de grace & de beauté,
Mon amy, que ſur l'heure il nous ſoit apporté.

Caliodore.

Si voſtre Majeſté deſire qu'on luy monſtre
Ce pitoyable obiect, il eſt icy tout contre:
La porte de ſa chambre eſt à deux pas d'icy,
Et vous le pourrez voir de l'endroit que voicy,
En leuant ſeulement ceſte tapiſserie.

Scipion.

Ie crains que ceſte veuë eſueille ſa furie.

La chambre paroiſt.

Maſsiniſſe.

Icy le Meſſager rentre

O veuë! ô deſeſpoir! regardez maintenant,
O vous Conſul Romain, & vous ſon Lieutenant:
Si ie vous ay rendu l'aueugle obeyſſance,
Que voſtre authorité veut de mon impuiſſance,
Ay-je eſté, qu'il vous ſemble, ou rebelle, ou trop lent
A l'execution de ce coup violent?
Oſtez-vous tout ſubiect de ſoupçon & de crainte,
Et voyez ſi ſa mort eſt point vne mort feinte.
[110] Voyez ſi de ſon teint les roſes & les lis,
Dans l'hyuer de la mort ſont bien enſeuelis:
Obſeruez ces yeux clos, conſiderez-la toute,
Tant qu'il ne vous demeure aucun ſubiect de doute.
Mais ſans conſiderer ſes yeux ny ſa couleur,
Il ne faut regarder que ma ſeule douleur:
Il ne faut qu'obſeruer le dueil qui me tranſporte,
Pour croire aſſeurément que Sophoniſbe eſt morte.
Elle eſt morte, & ma main par cét aſſaſsinat,
M'a voulu rendre quitte enuers voſtre Senat:
Si la reconnoiſſance aux biens-faits ſe meſure,
Ceſte ſeule action le paye auec vſure.
Par cét acte teſmoin de voſtre cruauté,
I'ay mis dans le tombeau l'amour & la beauté:

Enfin par ceſte mort qui fait voſtre aſſeurance,
Vous n'auez plus de peur, ny moy plus d'eſperance.
Ne me dites donc plus que ie ſerois ingrat,
Et bien peu ſoucieux du bien de mon Eſtat,
Si ie vous obligeois par quelque violence,
A retrancher pour moy de voſtre bien-veïllance.
Quant à moy deſormais tout m'eſt indifferent,
Et quant à mon Eſtat ma douleur vous le rend.
Apres m'auoir oſté le deſir de la vie,
Vos biens, ny vos honneurs ne me font point enuie.
[111] Vſurpez l'Vniuers de l'vn à l'autre bout,
Ie n'y demande rien, ie vous le cede tout.
Rendez-moy ſeulement vne choſe donnée
Par Hymen, par l'Amour, & par la Deſtinée:
En vn mot donnez-moy ce que vous craignez tous,
Et ie ſeray plus riche & plus content que vous.
Rendez-moy Sophoniſbe:

Scipion.

Allons nous-en, Lelie;
Puis que noſtre preſence irrite ſa folie,
Et que nous ne voyons fer ny poiſon ſur luy,
Laiſſons-le par la plainte adoucir ſon ennuy.

Ils rentrent.

[112]

A C T E V.

SCENE VIII.

Plainte de Maſsiniſſe, ſur le corps de Sophoniſbe.

MIRACLE de beauté, Sophoniſbe mon ame,
Que ie n'oſe appeller de ce doux nõ de fãme,
Tant les chaſtes plaiſirs d'Hymen & de Iunon
M'ont duré peu de temps pour te donner ce nom;
Viue ſource autrefois d'Amour & d'Eloquence,
Où la mort maintenant a logé le ſilence;

Belle bouche, beaux yeux, de tant d'attraits pourueus,
Pour mon contentement & trop & trop peu veus;
Vous auez donc perdu ces puiſſantes merueilles,
Qui deſroboient les cœurs, & charmoient les oreilles?
Clair Soleil, la terreur d'vn iniuſte Senat,
Et dont l'Aigle Romain n'a pû ſouffrir l'eſclat;
[113] Doncques voſtre lumiere a donné de l'ombrage?
Donc vous eſtes couuert d'vn eternel nuage,
Et ſans aucun Midy, la Mort & le Deſtin
Confondent voſtre ſoir auec voſtre matin!
Triſte & ſuperbe lict preſque en meſme iournée,
Teſmoin de mon veufuage & de mon Hymenée,
Falloit-il que le Ciel à ma perte obſtiné,
M'oſtât ſi toſt le bien que tu m'auois donné?
Felicité rauie auſsi-toſt que connüe;
Sophoniſbe, en vn mot, qu'eſtes-vous deuenüe?
Mais Dieux! que ma demande a bien peu de raiſon,
Puiſque ma propre main a fourny le poiſon,
Qui fait qu'elle m'attend ſur le riuage ſombre,
Ou mon fidelle. Esprit va rejo[i]ndre ſon ombre;
C'eſt là, cruel Senat, que tes ſuperbes lois,
Ne feront point trembler les miſerables Rois.
Vn poignard, malgré toy, trompant ta tyrannie,
M'accorde le repos que ta rigueur me nie.
Cependant en mourant, ô Peuple ambitieux!
I'apelleray ſur toy la cholere des Cieux.
Puiſſes-tu rencontrer, ſoit en paix, ſoit en guerre,
Toute choſe contraire, & ſur mer, & ſur terre.
Que le Tage, & le Pô contre toy rebellez,
Te reprennent les biens que tu leur as volez:
[114] Que Mars faiſant de Romme vne ſeconde Troye,
Donne aux Cartaginois tes richeſſes en proye,
Et que dans peu de temps le dernier des Romains
En finiſſe la race auec ſes propres mains;
Mais conſumer le temps en des plaintes friuoles,
Et flater ſa douleur auecque des paroles,
C'eſt à ces laſches cœurs que l'eſpoir de guerir,
Perſuade pluſtoſt, que l'ardeur de mourir.

Meurs miſerable Prince, & d'vne main hardie,
Ferme l'acte ſanglant de cette tragedie.

Il tire le poignard caché ſous ſa robe.

Sophoniſbe en cecy t'a voulu preuenir;
Et puiſque tes efforts n'ont pû la retenir,
Donne toy pour le moins le plaiſir de la ſuiure,
Et ceſſe de mourir en acheuant de viure.
Montre que les rigueurs du Romain ſans pitié,
Peuuent tout ſur l'Amant, & rien ſur l'amitié.

Il ſe tuë.

FIN.

Anmerkungen.

Titelblatt. Im Original nach *DEDIEE* Komma.
S. 6, Z. 8 *vivants*] *vivanrs*.
29 i. O. nach *gris* Komma.
38 i. O. nach *trahir* Punkt, ebenso 45 nach *flambeau*.
39 i. O. nach *connoiſſance* Komma.
43 i. O. nach *empoiſonnée* Komma.
97 i. O. nach *loin* Komma.
107 i. O. nach *veritable* Komma.
113 i. O. nach *toy* Komma.
162 i. O. nach *fruit* Komma.
164 i. O. nach *honorable* Doppelpunkt.
168 *voſtre*]. Das *noſtre* des Os gäbe keinen Sinn. Die späteren Ausgaben haben auch *voſtre*.
174 i. O. nach *legereté* Komma.
199 *pour*] *pous*.
200 i. O. nach *hayne* Komma. Ebenso 352 nach *endurer*, 418 nach *apprendre*, 490 nach *trop*, 602 nach *inclination*, 883 nach *dards*, 1009 nach *penſées*, 1049 nach *bon-heur*, 1355 nach *conſentir*, 1565 nach *loix*, 1607 nach *rumine*.
209 Dass der Dichter hier von Papier spricht, darf nicht auffallen; *papier* hat hier die Bedeutung Schriftstück.
253 i. O. nach *attaché* Strichpunkt.
257 Statt *Eſilque* haben die späteren Ausgaben *Eunuque*. Ver-

lesung *Eſilque* für *Eunuque* ist leicht denkbar, aber auch das Umgekehrte.

259 *paſſée*] *paſſee.*

S. 21 Z. 6 v. o. und S. 22 Z. 249 a *Coriſbé*] *Coriſbe.*

290 i. O. nach *trompé* Komma.

292 i. O. nach *inſenſée* Komma.

393 i. O. nach *retraite* Komma.

400 Où] ou.

425 i. O. nach *lieux* Komma.

450 i. O. nach *Dieux* Komma.

477 i. O. nach *auanture* Punkt.

501 i. O. nach *vertu* Komma.

529 i. O. nach *rangs* Punkt.

532 Komma nach *mourir* fehlt i. O.

586 *employe* dreisilbig.

594 i. O. nach *deſeſperé* Komma.

617 i. O. nach *victoire* Komma.

620 *autheur*] *antheur.*

624 Komma nach *bon-heur* fehlt i. O.

625 i. O. nach *proſperes* Komma.

647 i. O. nach *amitié* Komma.

Nach 680 steht i. O. vor Schluss der Scene unten am Ende der Seite:

Sophoniſbe entre.

Phenice encore vn coup, tandis qu'il m'eſt loiſible,
Que i'applique à mes maux vn remede infaillible,

also der Anfang der folgenden Scene. Natürlich ein Druckfehler.

683 *que ie propoſe.* So auch die Ausgaben von 1705 und 1737 im Theatre françois. Vielleicht besser mit der Ausgabe in den Chefs-d'œuvre dramatiques (Paris 1773) *qu'on me propoſe.*

691 im O. nach *eſuité* Komma.

692 a. 713 a *Phenice*] *Philip.*

745 i. O. nach *parer* Komma.

781 *nouueax*] *nouueav.*

827 i. O. nach *merveilles* Komma.

851 i. O. nach *humain* Komma.

855 i. O. nach *Tibre* Komma.

874 i. O. nach *Vainqueur* Komma.

930 i. O. nach *condition* Komma.

960 Punkt nach *taiſe* fehlt i. O.

998 *encor*] *emcor.*

1067 i. O. nach *cendre* Komma.

1073 i. O. nach *foſſez* Punkt.

1076 i. O. nach *mal-heureux* Punkt.

1090 i. O. nach *enſuiuie* Punkt.

1121 i. O. nach *auſtere* Komma.

1220 i. O. nach *moy* Komma.
1222 i. O. nach *liez* Komma.
1225 *condamne*] *cadamne.*
1252 i. O. nach *signalez* Komma.
1258 i. O. nach *eſpee* Komma.
1284 *ell'*] *ell.*
1292 i. O. nach *preſens* Komma.
1314 i. O. nach *nie* Komma.
1319 *mortelle*] *mottelle.*
1328 *vit*] *vid.*
1345 i. O. nach *s'emporter* Punkt.
1356 i. O. nach *tranſporte* Komma.
1367 i. O. nach *monſtre* Komma.
1394 i. O. nach *aduantage* Komma.
1396 i. O. nach *Scipion* Komma.
1407 i. O. *Hymenée* Komma.
1421 i. O. nach *Roy* Punkt.
1432 i. O. nach *armes* Strichpunkt.
1448 i. O. kein Interpunktionszeichen nach *terre.*
1463 i. O. nach *public* Komma.
1472 i. O. nach *conſumées* Komma.
1502 i. O. nach *diminuer* Komma.
1507 i. O. nach *deſreglée* Punkt.
1517 i. O. nach *rendiez* Komma.
1533 i. O. nach *demande* Komma.
1549 i. O. nach *s'allie* Punkt.
1583 i. O. nach *obſtinée* Komma.
1600 i. O. nach *pouvoir* Punkt.
1651 i. O. nach *vie* Komma.
1646 *ennemis*] *ennemii.*
1660 i. O. nach *reſte* Punkt.
1678 und 1680 i. O. nach *Parque* und *ennemis* Komma.
1719 i. O. nach *beaucoup* Komma.
1731 i. O. nach *eſtat* Komma.
1733 *dignes*] *digne.*
1759 i. O. nach *cenſurer* Komma.
1761 i. O. nach *paſſe* Doppelpunkt.
1778 *endroit*] *endroit.*
1801 i. O. nach *cruauté* Punkt.
1841 i. O. nach *Hymenée* Fragezeichen.
1867 i. O. nach *mourir* Komma.
1868 i. O. nach *hardie* Punkt.